EDUCAÇÃO INCLUSIVA de Bolso

O Desafio de Não Deixar Ninguém para Trás

Liliane Garcez e Gabriela Ikeda

1ª Edição | 2021

© Arco 43 Editora LTDA. 2021
Todos os direitos reservados
Texto © Liliane Garcez e Gabriela Ikeda

Presidente: Aurea Regina Costa
Diretor Geral: Vicente Tortamano Avanso
Diretor Administrativo
Financeiro: Dilson Zanatta
Diretor Comercial: Bernardo Musumeci
Diretor Editorial: Felipe Poletti
Gerente de Marketing
e Inteligência de Mercado: Helena Poças Leitão
Gerente de PCP
e Logística: Nemezio Genova Filho
Supervisor de CPE: Roseli Said
Coordenador de Marketing: Léo Harrison
Analista de Marketing: Rodrigo Grola

Realização

Direção Editorial: Helena Poças Leitão
Texto: Liliane Garcez e Gabriela Ikeda
Revisão: Rhamyra Toledo
Diagramação: Rodrigo Grola
Coordenação Editorial: Léo Harrison

```
Dados Internacionais de Catalogação na Publicação (CIP)
          (Câmara Brasileira do Livro, SP, Brasil)

Garcez, Liliane
   Educação inclusiva de bolso : o desafio de não
deixar ninguém para trás / Liliane Garcez, Gabriela
Ikeda. -- 1. ed. -- São Paulo : ARCO 43 Editora,
2021. -- (De bolso)

   ISBN 978-65-86987-07-2

   1. Deficiência - Educação 2. Educação
3. Educação - Finalidades e objetivos 4. Educação
inclusiva 5. Educação inclusiva - Brasil I. Ikeda,
Gabriela. II. Título III. Série.

21-56045                               CDD-370.115
```

Índices para catálogo sistemático:

1. Educação inclusiva 370.115

Maria Alice Ferreira - Bibliotecária - CRB-8/7964

1ª edição / 6ª impressão, 2024
Impressão: Gráfica Santa Marta

CENU – Avenida das Nações Unidas, 12901 – Torre Oeste, 20º andar
Brooklin Paulista, São Paulo – SP – CEP 04578-910
Fone: +55 11 3226 -0211
www.editoradobrasil.com.br

EDUCAÇÃO INCLUSIVA de Bolso

O Desafio de Não Deixar Ninguém para Trás

Liliane Garcez e Gabriela Ikeda

Liliane Garcez

Mestre em Educação pela Faculdade de Educação da Universidade de São Paulo; psicóloga pelo Instituto de Psicologia da mesma universidade; e administradora pública pela Escola de Administração da Fundação Getúlio Vargas. Tem especialização em Políticas Públicas para a Igualdade na América Latina pelo Conselho Latino-Americano de Ciências Sociais. Atua como consultora do projeto internacional para elaboração da Política de Educação Especial orientada para Inclusão Educacional e do Plano Nacional de Desenvolvimento da Educação Especial de Angola. Especialista contratada para elaboração de relatório sobre o progresso brasileiro em relação ao monitoramento do Objetivo do Desenvolvimento Sustentável 4, componente do Relatório Global de Monitoramento da Educação 2020 (GEM 2020). Idealizadora e articuladora do COLETIVXS. Atuou na Secretaria de Educação Continuada, Alfabetização, Diversidade e Inclusão do Ministério da Educação e na Secretaria Nacional de Promoção dos Direitos das Pessoas com Deficiência da Presidência da República. Foi coordenadora geral da Secretaria Municipal da Pessoa com Deficiência a Mobilidade Reduzida na cidade de São Paulo. Produtora de conteúdo do Guia COVID-19 – Educação Especial na perspectiva de Educação Inclusiva. Autora de capítulos em livros: Rede de Cuidado à Pessoa com Deficiência – volume 1 – "Inclusão como processo de modificação de estruturas e atitudes: os impactos da leitura relacional nos serviços à pessoa com deficiência na perspectiva dos Direitos Humanos". Editora: Copiart, Tubarão/SC, 2017; (In) Formando e (re)construindo redes de conhecimento – volume 1 – "Políticas públicas de Educação na perspectiva da inclusão: desafios e perspectivas". Editora da UFRR, 2012.

Gabriela Ikeda

Começou a vida acadêmica cursando Ciências Sociais, mas logo voltou sua atuação para a Pedagogia, formando-se na Universidade de São Paulo. Atuou como estagiária, auxiliar de classe e professora nos anos iniciais do Ensino Fundamental. Atualmente desenvolve trabalhos de Coordenação Pedagógica e de Assessoria de Práticas Inclusivas nos anos finais do Ensino Fundamental no Colégio Oswald de Andrade. Foi produtora de conteúdo para o Guia de Dicas e Inspirações para um Planejamento Pedagógico Inclusivo em parceria com a Associação Nova Escola e para a Tecnologia Educacional do Instituto Rodrigo Mendes para o Programa Melhoria da Educação da Fundação Itaú Social.

Agradecimento

Dedicamos esse livro a todas as educadoras e educadores que nos antecederam na defesa intransigente e na construção cotidiana de uma educação que não deixa ninguém para trás.

"Um movimento em direção à inclusão não é negociável. Ignorar a inclusão significa contrariar os esforços de quem luta para construir um mundo melhor".
Audrey Azoulay, diretora-geral da UNESCO

Sumário

1 Por que falar de Inclusão? **15**

   1.1   O mundo constrói a concepção de inclusão como Direito:
a história da luta pelos direitos das pessoas com deficiência 18

   1.2   O movimento mundial de Educação para Todos e a Agenda 2030 21

2 Da exclusão à inclusão: paradigmas em movimento **25**

   2.1   Exclusão 26

   2.2   Segregação 27

   2.3   Integração 29

   2.4   Inclusão 32

**3 Políticas públicas focalizadas e
seus reflexos nas políticas gerais brasileiras** **53**

   3.1   A nomenclatura revela o momento histórico 60

   3.2   A Convenção sobre os Direitos das Pessoas
com Deficiência como política do Estado brasileiro 64

   3.3   A Política Nacional de Educação Especial
na Perspectiva da Educação Inclusiva e seus efeitos 68

   3.4   O Plano Nacional de Educação: a meta 4 como destaque 84

   3.5   O Estatuto da Pessoa com Deficiência se torna Lei 89

4 Inclusão e Educação: Todos, sem exceção 93

4.1 A perspectiva inclusiva entrando na escola 96

4.2 A função social da escola em tempos de inclusão 97

4.3 O Projeto Político-Pedagógico 103

4.4 A Base Nacional Comum Curricular e o currículo escolar 111

4.5 O papel da gestão escolar em uma escola para todos......................121

5 Uma sala de aula que não deixa ninguém de fora 127

5.1 O trabalho do professor e o ofício de ensinar tudo a todos.............131

5.2 O Atendimento Educacional Especializado
a serviço da Educação Inclusiva.. 155

6 Conclusão 171

7 Bibliografia 177

1 Por que falar de Inclusão?

A proposta deste livro é construir uma narrativa dialógica. Então, gostaríamos de pedir licença a vocês, leitoras e leitores interessados no tema, para iniciarmos com uma pergunta que nos ajudará a construir esse caminho conceitual e prático sobre Educação.

Afinal de contas, por que falar de Educação Inclusiva? Existiria uma educação que se propõe a ser excludente por definição? Podemos afirmar que nossa resposta enquanto sociedade a essa questão tem sido NÃO! Olhando para a história, é notório o investimento na entrada de parcelas da população que antes não tinham acesso à escolarização. Hoje, inclusive, entendemos a Educação como direito humano.

Diante desse posicionamento mundial, enquanto princípio, passamos então a refletir sobre o que se espera da instituição social responsável pela escolarização de nossas crianças, adolescentes e jovens: a escola. Embora seu papel continue sendo referendado pela sociedade, as formas como as práticas se estabelecem cotidianamente em seu interior, o que é considerado como conhecimento, as metodologias pedagógicas etc., são constantemente colocadas em questionamento, tanto pelos que nela convivem como também por aqueles cujo acesso é negado ou negligenciado.

E esse fato não se configura como um problema. A escola, por ser uma instituição que se interpõe entre o mundo público e o espaço privado da família, deve mesmo ser desafiada permanentemente a transitar entre o que conservar e o que transformar.

Ou seja, o papel da escola, embora esteja estabelecido há muitas décadas, é reestabelecido cotidianamente na prática concreta de seus protagonistas, dentro de contextos que se alteram. Estar em movimento é, assim, uma característica dessa instituição social, e não uma questão que carece de solução.

A potência da escola está no encontro cotidiano e intencional entre pessoas. A partir dessa relação, a instituição, enquanto tal, é capaz de, ao mesmo tempo, conservar conquistas humanas e oportunizar transformações de valores sociais.

Em outras palavras, a instituição escolar, que tem como papel atribuído pela sociedade envolver, sistematizar, divulgar e construir conhecimento por meio de suas práticas, está em constante mudança! A perspectiva da inclusão no campo educacional aponta qual é a direção escolhida para esse processo de reestruturação constante, pois estabelece como seu objetivo principal garantir e qualificar socialmente o acesso universal, de todos, às oportunidades educacionais e sociais, de forma cidadã e participativa. Assim, uma pergunta permanece sempre válida: quem está sendo considerado parte do "todos"? E quem não está?

Começar esta publicação levantando questões tem como propósito principal apresentar que nem sempre a educação foi compreendida como direito de todas as pessoas, e que sua definição como está hoje é fruto de muita luta social. Colocá-la como um conjunto de ações em permanente aprimoramento pode nos ajudar na compreensão do que já foi conquistado e o que ainda precisa ser. Ao mesmo tempo, nos alerta que o fato de ainda não termos alcançado o ponto que almejamos não implica em jogar por terra todas as conquistas dos movimentos civilizatórios. Muito pelo contrário. O direito humano à Educação é nosso norte prático, que tem como base a ideia de não deixar ninguém para trás.

Ao ser concebido dentro dessa perspectiva, a ideia deste livro não é retomar todas as referências históricas sobre Educação Especial isoladamente, e sim localizar a atualidade do movimento dentro de uma linha do tempo que somente se encerrará com o fim do que chamamos de humanidade. Para seguirmos neste percurso, escolhemos dois movimentos principais como rotas: o movimento mundial da educação para todos e a história da luta pelos direitos das pessoas com deficiência. Vamos juntos?

1.1 O mundo constrói a concepção de inclusão como Direito: a história da luta pelos direitos das pessoas com deficiência

Neste capítulo, apresentaremos alguns pontos importantes sobre a temática das pessoas com deficiência. Desde a nomenclatura, passando pelos principais marcos legais, até conceitos seus fundamentais, organizamos o conteúdo de modo que fique explícito que todas essas questões têm impactos para nós, pessoas sem e com deficiência. E esse é justamente o primeiro ponto a destacar: essa discussão não é "apenas" de um segmento ou de uma parte da população, é de todos nós!

Tal compreensão localiza a temática até certo ponto focalizada dentro de um movimento mais amplo de luta pelo aprimoramento dos direitos humanos, entendidos como direitos inerentes aos seres humanos, sem nenhuma distinção de nacionalidade, lugar de residência ou origem, raça, gênero, deficiência, etnia, cor, idade, orientação sexual, religião, língua ou quaisquer outras condições. Assim, entender como a sociedade se relaciona com determinados grupos que, em larga medida, ainda são segregados ou não têm acesso pleno aos seus direitos, como é o caso das pessoas com deficiência, é importante para que possamos romper com preconceitos e estereótipos, descortinando as discriminações, para que deixem de ser legitimadas socialmente.

A eliminação de todas as barreiras em busca da igualdade, diferente do igualitarismo, pressupõe o respeito às diferenças pessoais para o acesso pleno às oportunidades sociais.

Por que falar de Inclusão?

Que tal uma olhada geral nos principais documentos que registram esse movimento no campo dos Direitos Humanos e, particularmente, em relação à Educação (*veja infográfico na página 20*)?

Essa linha do tempo nos mostra que são muitos documentos relativos aos Direitos Humanos de forma geral e sobre Educação em específico, não é mesmo? Isso demonstra o quanto de investimento social tivemos desde o estabelecimento da Declaração Universal dos Direitos Humanos para ampliar nossa compreensão de humanidade. Sim, porque é certamente o alargamento do conceito de humano que estimula a elaboração de convenções, declarações e legislações, para estabelecer novos marcos em termos de Direito.

Estudando essa linha do tempo, também percebemos que a entrada da pessoa com deficiência na agenda dos Direitos Humanos como uma parcela da população que demanda ações específicas demorou mais de 50 anos. Convidamos você a olhar mais de perto o movimento que conseguiu estabelecer essa pauta em âmbito mundial!

1.2 O movimento mundial de Educação para Todos e a Agenda 2030

O movimento mundial de Educação para Todos tem como um dos seus principais marcos a Declaração Mundial de Educação para Todos, fruto de conferência realizada, em 1990, na cidade de Jomtien[1], Tailândia. Esse documento, ratificado pelo Brasil, reafirmou o que estava disposto 42 anos antes na Declaração Universal dos Direitos Humanos, escrita em 1948, e articulou de forma mais aprofundada as questões relativas à universalização da Educação. Ele estabelece o princípio de que "toda pessoa tem direito à Educação"; seu conteúdo formula metas, como a erradicação do analfabetismo e a universalização da Educação Básica.

Logo no artigo 1º, a Declaração apresenta a educação como estratégia para satisfazer as necessidades básicas de aprendizagem, de modo que toda pessoa possa desenvolver suas potencialidades, saber como obter informações e conhecimentos, e assumir atitudes e valores em favor do bem comum. Afirma ainda que a Educação é um processo não restrito à escola, embora essa instituição social tenha papel fundamental na disseminação e construção de conhecimento, e deva, portanto, empenhar-se nessa tarefa. Sobre esse assunto, vamos conversar mais detalhadamente no capítulo "A perspectiva inclusiva entrando na escola".

---

1   A título de curiosidade, as declarações mundiais em geral têm dois nomes: um que diz respeito ao tema abordado e outro, quase um apelido, que se refere à cidade na qual a declaração foi celebrada.

Já em seu artigo 3o, que diz respeito a "universalizar o acesso à educação e promover a equidade", menciona que "as necessidades básicas de aprendizagem das pessoas portadoras de deficiências requerem atenção especial. É preciso tomar medidas que garantam a igualdade de acesso à educação aos portadores de todo e qualquer tipo de deficiência, como parte integrante do sistema educativo".

Importante ressaltar que, ao final da Declaração Mundial de Educação para Todos, ou Declaração de Jomtien, como é mundialmente conhecida, os signatários registraram que seria necessário "[...] avançar rumo às metas da Década das Nações Unidas para os Portadores de Deficiências (1983-1992)", apontando a necessidade de articulação entre o movimento de Educação para Todos e de luta pelos direitos das pessoas com deficiência.

Quatro anos depois, entre 7 e 10 de junho de 1994, ocorre a Conferência Mundial de Educação Especial, na qual é redigida a Declaração de Salamanca. Partindo também da Declaração Universal de Direitos Humanos e da reafirmação do estabelecido na Conferência Mundial sobre Educação para Todos, avança na compreensão da Educação como direito, afirmando que as diferenças são próprias da humanidade e, portanto, não podem se constituir como fatores de discriminação. Coloca entre os pontos que foram proclamados que "aqueles com necessidades educacionais especiais devem ter acesso à escola regular, que deve acomodá-los dentro de uma pedagogia centrada na criança e ser capaz de satisfazer tais necessidades".

O foco das ações estabelecidas por esse documento concentra-se no aprimoramento dos sistemas de ensino, para que se tornem aptos a escolarizar todas as crianças. Referência mais concreta da mudança de paradigma, dado que propõe uma mudança social voltada a ampliar as possibilidades de convivência entre todas as pessoas e não uma adaptação da pessoa ao padrão estabelecido, a Declaração de Salamanca torna-se documento de leitura obrigatória a todos profissionais da educação. Porém, justamente por seu caráter focalizado, é disseminada, não raro, apenas entre educadores que atuam diretamente junto a estudantes com deficiência.

Ainda assim, a Declaração de Salamanca é considerada um divisor de águas em termos do direito à Educação para um grupo que, historicamente, tem sido excluído. Por mudar a rota de atuação, rompe com a demanda da classificação por patologia como condicionante à escolarização.

> Escolas regulares que possuam tal orientação inclusiva constituem meios mais eficazes de combater atitudes discriminatórias, criando-se comunidades acolhedoras, construindo uma sociedade inclusiva e alcançando educação para todos; além disso, tais escolas proveem uma educação efetiva à maioria das crianças e aprimoram a eficiência e, em última instância, o custo da eficácia de todo o sistema educacional.

Ao postular que é necessário compreender a condição de deficiência como diferença e, portanto, inerente à condição humana, conclama os países a direcionarem suas legislações e suas políticas públicas não mais dentro do paradigma da integração, e sim, da inclusão.

Vamos fazer uma parada nesse ponto antes de continuar a história. Percebeu que foram utilizados alguns termos que estão até hoje no cotidiano educacional?

Chamamos a atenção para dois conjuntos de conceitos: (1) inclusão, integração, segregação e exclusão; (2) pessoas portadoras de deficiências, pessoas com necessidades educacionais especiais e pessoas com deficiência.

Vocês já devem ter ouvido falar e utilizado esses conceitos. Mas, para caminharmos juntos, vale dizer um pouco sobre eles. Vamos começar diferenciando exclusão, segregação, integração e inclusão.

2 Da exclusão à inclusão: paradigmas em movimento

Já mencionamos a palavra paradigma algumas vezes até aqui. Afinal de contas, o que vem a ser paradigma? Grosso modo, quando estudamos história, podemos perceber que um determinado conjunto de ideias, valores e ações sustentam a compreensão da realidade e as práticas sociais concernentes. Ou seja, quando olhamos para os conceitos e comportamentos que caracterizam a maneira da sociedade lidar com determinados temas ou grupos sociais, entendemos que há uma espécie de acordo com o qual forjamos nosso modo de ser, estar e agir socialmente e enquanto pessoas.

No caso do nosso livro, nos interessa analisar como vivenciamos as diferenças humanas e quais "tipos" de relação temos estabelecido socialmente com as pessoas com deficiência. E essa já é uma questão para observarmos. Por exemplo, quando nos referimos a determinado grupo como se ele fosse um monobloco, homogêneo, é bem provável que a lente dos estereótipos e preconceitos esteja encurtando nossa percepção.

Vamos nos aprofundar nessa questão a partir de um breve percurso pela história para conhecer quem eram e como eram tratadas as pessoas com deficiência ou mesmo aquelas consideradas diferentes, para perceber a ideia de paradigma funcionando.

2.1 Exclusão

Discorreremos brevemente sobre como aprendemos a chamar de exclusão a maneira pela qual algumas pessoas ou um grupo de pessoas eram referidas ou tratadas. Nosso foco são as pessoas com deficiência.

Quanto mais recuamos no tempo, menos detalhadas são as informações sobre esse grupo social. Há registros de que em Esparta e em Roma, as crianças nascidas com alguma má formação eram eliminadas, uma vez que não estariam aptas para as atividades sociais destinadas à maior parte da população: o exército ou a agricultura.

Durante o Império Romano, surge o cristianismo, que se expande até tornar-se a religião hegemônica na Idade Média. A caridade torna-se valor moral, e as pessoas com deficiência passam a ser consideradas como tendo alma, não mais podendo, portanto, serem exterminadas. Assim, embora a ideia de inaptidão permanecesse, a morte já não era o único destino: essas pessoas passaram a poder exercer atividades como bobos da corte – seres de estimação e, não raro, a depender da caridade alheia.

Ainda durante a Idade Média, algumas visões negativas passam a ser associadas às pessoas com deficiência, como tendo sido amaldiçoadas de alguma forma, por exemplo. A deficiência como resultado de pecado anterior se tornou a marca de punição por atos cometidos em vidas passadas. Com essas justificativas, mesmo não sendo fadadas à eliminação sumária, o convívio social lhes era proibido.

Nessa rápida passagem, percebe-se que o critério para morrer ou viver à margem era não ter aptidão para realizar tarefas socialmente reconhecidas. Ocorre que a deficiência consistia em uma marca tão forte, que não era dada nenhuma chance para quem a possuía . O julgamento era sumário: ter deficiência significava estar fora, na melhor das hipóteses.

2.2   Segregação

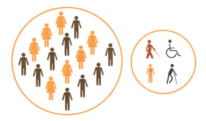

Após o século 15, podem ser percebidas mudanças sociais importantes. O capitalismo começa a ganhar seus primeiros contornos, inicialmente como mercantilismo, marcado pela transformação da economia feudal em economia de mercado. A sociedade, antes dominada pelo poder religioso, passa a valorizar a filosofia e as ciências, que começam a ter uma base menos dogmática. O asilamento passa a ganhar força, pois mantinha a segregação como saída socialmente aceita aos que não tinham aptidão, ao mesmo tempo em que se adequava a um dos preceitos capitalistas basilares: aqueles que não podem trabalhar e gerar lucro não devem se tornar um peso para a sociedade.

Assim, não havia maiores cuidados com quem era trancafiado nessas instituições totais – pessoas com hanseníase, pessoas com transtornos mentais, pessoas com deficiência, criminosos comuns e até desafetos de pessoas poderosas eram internados compulsoriamente em condições bastante precárias. O Bethlem Royal Hospital foi o primeiro hospital psiquiátrico, fundado em 1247 em Londres. Sua atuação fundamentava-se nos valores e costumes da época: ele era famoso pela forma desumana como tratava os doentes e permitia que visitantes "pagantes" assistissem a "espetáculos" protagonizados pelos internos.

É também no século 15 que se começa a separar os chamados incuráveis dos considerados tratáveis. Com o avanço da medicina, por exemplo, surge a ideia de que pessoas que viviam à margem da sociedade poderiam ser cuidadas. Percebam que esses dois momentos dão bem a ideia de *continuum* histórico: excluir e segregar eram mecanismos legitimados socialmente e compreendidos como a maneira pela qual a sociedade, em geral, se relacionava com parcelas da população marginalizadas – mendigos, desempregados, criminosos, prostitutas, doentes crônicos, alcoólatras e pessoas sem domicílio, além das pessoas com deficiência e com transtornos mentais. Todos tinham algo em comum: perturbavam a ordem social e não eram produtivos. Uma característica importante desse longo período foi a paulatina divisão dessas pessoas em lugares específicos, ou seja, a institucionalização em hospitais para os que eram avaliados como tratáveis ou a internação em asilos e manicômios para aqueles que não tinham esse prognóstico. De qualquer forma, a desinstitucionalização não parecia ser uma preocupação, uma vez que ficar internado favorecia a sensação de que não adiantaria realizar nenhum esforço em relação a essas pessoas. Nesses locais, todos usavam as mesmas roupas, dormiam em locais coletivos e comiam a mesma comida, favorecendo a despersonalização. Com isso, a pessoa ficava cada vez mais dependente da instituição. A segregação mantinha o critério de não ter aptidão para realizar tarefas como principal motivo para a internação compulsória. E, quanto mais a pessoa mostrava ser capaz de realizar algo considerado produtivo socialmente, mais ela era merecedora de investimento em termos de tratamento.

2.3 Integração

A institucionalização começa a ser questionada enfaticamente no século 20. As duas guerras mundiais implicaram no aumento do número de pessoas com deficiências adquiridas e, por isso, muitos tratamentos foram avançando. Vai ganhando força a ideia de que as pessoas com deficiências ou diferenças significativas deveriam participar da vida social. É estabelecida a Declaração Universal dos Direitos Humanos em 1948.

> Todos os seres humanos nascem livres e iguais em dignidade e direitos. São dotados de razão e consciência e devem agir em relação uns aos outros com espírito de fraternidade

A leitura desse pequeno trecho enuncia os três princípios da Declaração: a liberdade, a igualdade e a fraternidade. A postulação dessas três palavras juntas não é uma novidade. Ela se origina na Revolução Francesa, mas isso é assunto para outro livro. O que nos importa aqui é a liberdade, a igualdade e a fraternidade são retomadas enquanto valores de agir, sentir e pensar entre e sobre nós, seres humanos. A exclusão e a segregação não eram mais aceitáveis, estavam com os dias contados. Entretanto, é importante ter em mente que os inícios e os términos do que chamamos de paradigmas não têm datas determinadas como os fatos históricos. Os acontecimentos históricos são multifacetados e compõem momentos que abarcam contradições. Se, por um lado, ampliamos nosso repertório social e já não mais nos reconhecemos em determinados pensamentos, sentimentos e ações, por outro, não raro, mantemos práticas que já não se coadunam com essas próprias convicções. São justamente esses descompassos que nos impulsionam continuamente enquanto pessoas que fazem e se fazem no mundo.

Assim, embora a Declaração Universal dos Direitos Humanos amplie a visão do que é humanidade, ela é um documento de determinada época que traz subjacente uma ideia historicamente datada.

Nas décadas que se seguem, o paradigma da integração ganha força e torna-se hegemônico. A ideia central é que a sociedade deve envidar esforços – desde as intervenções terapêuticas até as pedagógicas – no desenvolvimento de estratégias que possibilitem que as pessoas tenham um desempenho próximo ao esperado, ao ideal. Essa ideia de normalidade era constitutiva do conceito de ser humano. Tendo como parâmetro determinado modelo de corpo e de comportamento, as instituições sociais se organizam em torno dos objetivos de "cura" e de "normatização", atuando na habilitação de pessoas para que sejam integradas aos espaços públicos e coletivos. Percebem a continuidade do critério de realização de tarefas, de produção social, de utilidade?

As instituições investem em suas especializações para atenderem públicos cada vez mais específicos. Não à toa, não é? Afinal, quanto maior a especialização, mais chances de melhorar a performance no campo de atuação institucional e manter sua relevância social.

De modo coerente a esse pensamento, na educação, as escolas e salas especiais passam a ser compreendidas como a melhor metodologia para nivelar os estudantes com deficiência ao que é esperado. Somente após esse processo de normalização realizado em espaços apartados, eles estariam aptos a conviverem junto aos demais. Ao cumprir essa função, a escola especial garantiu seu lugar nos sistemas de ensino. O ingresso de crianças e adolescentes era validado por meio de avaliações específicas para determinar quem podia ou não estar na escola, inclusive em escolas especiais e instituições exclusivas. Os testes de inteligência psicométricos, por exemplo, eram considerados instrumentos eficazes para essa finalidade. As avaliações tinham como objetivo ainda delimitar quais os níveis de aprendizado/interação, de modo a viabilizar o melhor encaminhamento. A meta era a integração por meio de adaptação das pessoas às instituições adequadas em cada caso.

A CID – Classificação Internacional de Doenças, da Organização Mundial da Saúde (OMS), era o único compilado para o estabelecimento dos laudos médicos. Assim, embora a Educação fosse entendida como direito desde 1948, para algumas parcelas da população – pessoas com deficiência, por exemplo – esse ideário não se efetivava plenamente na prática. Era preciso que elas se mostrassem aptas o suficiente, às vezes, até mais do que as demais pessoas. Novamente, pelo fato de que a deficiência continuava consistindo em uma marca bastante forte, em larga medida, a testagem para avaliar a aptidão em realizar tarefas só corroborava as expectativas: ter deficiência significava estar em uma escola ou classe separadas, na melhor das hipóteses.

2.4   Inclusão

Por não dar conta das diferenças humanas e dos múltiplos contextos sociais, a ótica de desenvolvimento humano exclusivamente biológico foi perdendo sua hegemonia. Diante da constatação de que ritmos e habilidades variados são parte constituinte da humanidade, passa-se a problematizar a ideia de normalidade e de anormalidade. Como reflexo dessa discussão, ganha força o movimento de desvinculação entre doença e deficiência.

Na esteira de vários movimentos sociais que eclodiram na década de 1960, as pessoas com deficiência também se organizam para reivindicar o respeito aos seus direitos. Começa-se a romper com a base conceitual da integração.

INTEGRAÇÃO	INCLUSÃO
Visão biomédica	Visão biopsicossocial
Princípios e diretrizes normalizadores e homogeneizadores	Princípios e diretrizes de valorização das diferenças humanas
Investimento nas condições existentes e na formação de especialistas	Investimento na modificação das estruturas e quebra de barreiras, notadamente as atitudinais
Deficiência/incapacidade/doença/tratamento	Diferenças/potencialidades/ajudas técnicas/apoios
Educação segregada/classes e escolas especiais/currículo funcional	Educação como direito de todos no mesmo espaço e com os mesmos objetivos

O paradigma da inclusão parte da premissa de que não há um único modelo de pessoa: há pessoas diferentes, com diferentes características e necessidades. Assim, a sociedade inclusiva tem como princípio estruturar ações de equidade para garantir a participação de todas elas.

Com a emergência das bases conceituais do paradigma da inclusão, as avaliações que consideravam exclusivamente os resultados de testes biomédicos, que têm como referência a ideia de normalidade, foram perdendo sentido. Uma vez que ritmos e habilidades diferenciadas são compreendidos como características humanas, as avaliações passam a ter como objetivo maior a participação plena de todas e de cada pessoa, requerendo a articulação de saberes dos diversos profissionais, cuja tarefa é organizar estratégias integradas. O diálogo entre profissionais da saúde e educadores, por exemplo, é considerado imprescindível para mudar a maneira de vivenciar a deficiência na escola e buscar caminhos para assegurar a integralidade dos direitos. A noção de que existe alguém antes da deficiência passa a fazer cada vez mais sentido, afastando a ideia de que a deficiência é uma marca da ordem do extraordinário, do divino, do inesperado, do anormal, do inumano.

Nesse processo histórico, acompanhamos o estabelecimento da CIF – Classificação Internacional de Funcionalidade, Incapacidade e Saúde (OMS)[2], que complementa a CID introduzindo as questões referentes à funcionalidade e à participação da pessoa com deficiência. Assim, o número correspondente à alteração na função ou estrutura corporal é apenas um dos fatores que compõem a classificação. Para além desse diagnóstico, a CIF articula fatores ambientais, pessoais e seus efeitos no desenvolvimento de atividades, bem como possíveis restrições à

---

2   A Classificação Internacional de Funcionalidade, Incapacidade e Saúde, conhecida como CIF, é uma classificação internacional desenvolvida pela Organização Mundial da Saúde (OMS) e tem como objetivo geral proporcionar uma linguagem unificada e padronizada, assim como uma estrutura de trabalho para a descrição da saúde e de estados relacionados com a saúde. A classificação define os componentes da saúde e alguns componentes do bem-estar relacionados com a saúde (como educação e trabalho).

participação. Nesse intento, a Classificação Internacional de Funcionalidade passa a ser o instrumento base para a construção de propostas integrais e integradas que possibilitem o acesso e a participação com autonomia. Por qualificar as alterações nas estruturas e funções corporais, qualificar a intensidade das dificuldades para fazer ou participar de algo (capacidade e desempenho) e qualificar a intensidade das barreiras e dos facilitadores, a CIF sustenta uma proposta de reabilitação no contexto da funcionalidade, privilegiando aspectos relacionados à inclusão, ou seja, ao desempenho das atividades e à participação do indivíduo na família, comunidade e sociedade.

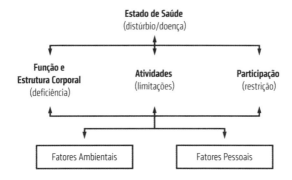

Partindo de uma visão integral da pessoa, a CIF fomenta o estabelecimento de ações intersetoriais dentro de uma abordagem social. Ao focalizar seu objeto de interesse na forma como as pessoas vivenciam os seus problemas de saúde de modo a atuar para melhorar as suas condições de vida, promove a inserção das práticas de saúde como componentes da chamada rede de proteção social.

Diante do exposto, é possível perceber que, atualmente, vivemos exatamente a transição entre paradigmas – da integração para a inclusão, do modelo biomédico para a compreensão social da deficiência, em todas as áreas. Ou seja, para alterar as relações sociais e investir na participação plena de todas e de cada uma das pessoas com ou sem deficiência, nossos esforços passam a se concentrar na quebra das barreiras, a partir da experiência das próprias pessoas. Em síntese, é fundamental que já não mais entendamos as deficiências como doenças nem as diferenças como obstáculos para desenvolver, por exemplo, o trabalho pedagógico, e sim, como um valor de enriquecimento dos sempre desafiadores contextos educacionais.

MODELO BIOMÉDICO	PERSPECTIVA SOCIAL
Problema pessoal	Questão de toda a sociedade
Tratamento voltado às funções corporais, centrado nas instituições	Organização de ações relacionadas a projetos de vida
Conjunto de intervenções técnicas	Envolvimento em rede
Demanda por adaptação individual	Demanda por mudanças sociais e atitudinais
Indicadores de melhora relacionados ao esforço de aproximação com parâmetros de corponormatividade	Indicadores de desempenho social relacionados à diminuição de barreiras
Fatores de sucesso relacionados à capacidade individual de superação	Fatores de sucesso relacionados à equiparação de oportunidades
Cuidados centralizados no binômio doença/cura	Ações baseadas no conjunto de Direitos Humanos

As diretrizes para o afastamento do modelo biomédico e alinhamento aos pressupostos da perspectiva social foram consolidadas na Convenção sobre os Direitos das Pessoas com Deficiência promulgada em 2006.

Seus princípios podem ser assim resumidos:

- Respeito à dignidade inerente, à autonomia individual, inclusive à liberdade de fazer as próprias escolhas, e à independência das pessoas;

- Acessibilidade, não discriminação e compreensão da deficiência como parte da diversidade humana e da humanidade;

- Plena participação, com igualdade de oportunidades;

- Respeito pelo desenvolvimento das capacidades das crianças com deficiência e pelo direito das crianças com deficiência de preservar sua identidade.

> **DIREITO À PARTICIPAÇÃO PLENA**
>
>
>
> **RESPEITO ÀS DIFERENÇAS HUMANAS**

De todos esses princípios, vale destacar o conceito-ação ACESSIBILIDADE como central na luta das pessoas com deficiência pela equiparação de oportunidades em todas as esferas da vida, pois aproxima o pleito dessa parcela da população aos da sociedade como um todo.

Como nós todos temos direito de acesso a bens e serviços, investe-se na melhoria das condições do ambiente e do contexto para diminuir a desvantagem desta ou daquela pessoa, ainda que esses fatores, por vezes, não constituam barreiras para os que não têm deficiência. Por exemplo, uma calçada acidentada pode ser um pequeno incômodo para algumas pessoas e um impeditivo completo para outras. Porém, uma boa calçada é boa para todo mundo. Ou seja, ninguém tem dúvida de que um mundo acessível é melhor, pois oferece qualidade de vida e segurança e permite a convivência e a interação entre todos nós.

A Convenção sobre os Direitos das Pessoas com Deficiência traz a concepção de que a deficiência se constitui pela relação entre os impedimentos da pessoa e as barreiras existentes, que impossibilitam sua participação. Seu artigo 1º afirma que as deficiências, ou melhor, os diferentes impedimentos físicos, sensoriais, intelectuais ou mentais, como tantas outras características, devem ser considerados como parte da diversidade humana.

A incorporação dessa perspectiva relacional abre caminho para que a deficiência não seja compreendida como algo estático, "uma coisa em si", como no modelo biomédico. Ou seja, a própria concepção de deficiência está em constante (re)formulação e coloca em marcha processos compensatórios capazes de alterar, inclusive, a estrutura orgânica de cada pessoa.

Na perspectiva social, é um equívoco avaliar as possibilidades de desenvolvimento relacionando-as ao tipo de impedimento, bem como o tipo de deficiência a um tipo de apoio ou ajuda técnica específicos e pré-determinados, pois são as experiências entre diversas pessoas nos diferentes contextos que definem e redefinem a acessibilidade, compreendida como essa gama de intervenções nos atributos dos ambientes. O foco é a equiparação de oportunidades, com autonomia no acesso à informação, à mobilidade, à realização de procedimentos e à participação de atividades desenvolvidas por diversas áreas e nos diferentes espaços.

Em seu artigo 2º, a Convenção sobre os Direitos das Pessoas com Deficiência estabelece a definição de desenho universal como a concepção de produtos, ambientes, meios de comunicação, programas, tecnologias e serviços a serem usados de forma autônoma e segura por todas as pessoas, sem necessidade de adaptação ou projeto específico. Ou seja, o desenho universal é uma ferramenta para promoção de acessibilidade plena. De trás para frente, os princípios indicam a gradual evolução dos conceitos a partir dos modelos ergonômicos até a síntese cognitiva e de participação ativa em uma sociedade para todos.

Princípios do Desenho Universal

7 tolerância ao erro

6 tamanho e espaço para aproximação e uso

5 pouco esforço físico

4 uso simples e intuitivo

3 informação perceptível

2 flexibilidade no uso

1 uso equiparável

A perspectiva social coloca em relação todos esses conceitos. Desta forma, a promoção da acessibilidade desloca a questão do "ou" para o "e", dado que seus desafios só podem ser compreendidos considerando todas e cada uma das pessoas. Ou seja, o processo para melhorar nossos indicadores de acessibilidade passa pela inclusão e pela equidade na e por meio da participação. Duas são suas chaves de leitura:

1. O foco deve estar voltado à eliminação das barreiras físicas, arquitetônicas, informacionais, comunicacionais, relacionais ou outras que se interpõem entre a pessoa e os direitos de participação plena;

2. A pessoa está na frente da deficiência, explicitando que as relações sociais devem considerar a diversidade humana como valor positivo. Ou seja, a garantia do pleno acesso não pode ser posta em questão por conta da existência de impedimentos de longo prazo de natureza física, intelectual, mental ou sensorial.

O paradigma da inclusão consiste na busca imediata de condições que garantem o acesso e a participação plena de todos e de cada um na sociedade

Todas as pessoas são responsáveis por investir no rompimento das barreiras sociais e nas mudanças atitudinais

---

A Convenção sobre os Direitos das Pessoas com Deficiência é, portanto, um documento de Direitos Humanos, dado que se refere a todos e cada um dos direitos até hoje estabelecidos. É no seu artigo 24 que esse documento se dedica às questões específicas relativas ao direito à Educação. Resumidamente, em primeiro lugar estão dispostos objetivos próprios da educação geral, ou seja, que são válidos para todas as pessoas, com ou sem deficiência, pois foi preciso reafirmar o direito à Educação como um todo. Faça o simples exercício de tirar as palavras "com deficiência" e vai perceber. São eles:

- O pleno desenvolvimento do potencial humano e do senso de dignidade e autoestima, além do fortalecimento do respeito pelos direitos humanos, pelas liberdades fundamentais e pela diversidade humana;

- O desenvolvimento máximo possível da personalidade e dos talentos e da criatividade das pessoas com deficiência, assim como de suas habilidades físicas e intelectuais;

- A participação efetiva das pessoas com deficiência em uma sociedade livre.

Para a realização desse direito, a Convenção convoca os países a assegurarem que:

- As pessoas com deficiência não sejam excluídas do sistema educacional geral sob alegação de deficiência, e que as crianças com deficiência não sejam excluídas do Ensino Fundamental gratuito e compulsório sob a alegação de deficiência;

Da exclusão à inclusão: paradigmas em movimento

- As pessoas com deficiência possam ter acesso ao Ensino Fundamental inclusivo, de qualidade e gratuito, em igualdade de condições com as demais pessoas na comunidade em que vivem.

Consequentemente, os países deverão organizar ações específicas para garantir acessibilidade, sempre que necessárias, dentro das premissas da educação geral, pois é lá que a inclusão acontece. Dessa forma, cada país deve assegurar que:

- Adaptações razoáveis, de acordo com as necessidades individuais, sejam providenciadas;

- As pessoas com deficiência recebam o apoio necessário, no âmbito do sistema educacional geral, com vistas a facilitar sua efetiva educação;

- Medidas de apoio individualizadas e efetivas sejam adotadas em ambientes que maximizem o desenvolvimento acadêmico e social, de acordo com a meta de inclusão plena.

Assim, a Convenção aponta a necessidade de disponibilizar meios e modos para gerar autonomia e participação plena das pessoas com deficiência em ambientes comuns, para que esses se tornem inclusivos. E afirma que só há uma escola: aquela que todas as pessoas frequentam.

ACESSO COMO DIREITO

O acesso como direito tem como diretriz de ação a equidade, e como foco, a situação que se quer transformar. Lembrando que as questões referentes às pessoas com deficiência estão dentro dos direitos humanos e, portanto, exigem uma abordagem integral e intersetorial. Garantir esse direito é responsabilidade de todas as pessoas, e não apenas de especialistas, pois o objetivo é o estabelecimento de redes e de parcerias para que todas as pessoas participem. Assim, o acesso como direito requer:

- Identificar e incorporar os arranjos singulares produzidos nos territórios em consonância com os princípios de igualdade;

- Organizar intervenções específicas, quando necessárias, como parte da proposta, entendendo o espaço, as pessoas e as crenças como facilitadores ou barreiras para o acesso, com ênfase nas relações e no protagonismo da comunidade;

- Investir na quebra de barreiras e na disponibilização de recursos e apoios (social, econômico, físico, instrumental) voltados à participação plena e autônoma das pessoas.

A perspectiva social da deficiência coloca em xeque a forma de compreensão até então hegemônica, estabelecida pelo paradigma da integração. Nesse caminho de ruptura, a concepção de inclusão às vezes não é compreendida e outras é contraposta. Afinal, é bem difícil repensar no que tínhamos certeza de que era a verdade. Vamos a um exemplo. Para referendar o que está estabelecido na Convenção sobre os Direitos das Pessoas com Deficiência, em 2016, o Comitê da Organização das Nações Unidas, responsável pelo monitoramento de sua implementação no mundo, expediu o Comentário Geral no 4 sobre o artigo 24. O motivo? Algumas organizações fizeram um forte apelo para a manutenção de escolas exclusivas, questionando a definição de Educação Inclusiva e sua ênfase de que todos os alunos têm direito a escolarização em ambientes inclusivos.

No final das discussões, a demanda sobre a continuidade dessas escolas segregadas foi rejeitada tanto em termos de princípio quanto em termos pragmáticos pela maioria do Comitê da ONU. Em termos de princípio, foi reafirmado que todas as crianças, independentemente de sua condição/impedimento, têm o direito de serem educadas em ambientes inclusivos, e cada país deve se certificar de que os sistemas de apoio necessários estão sendo garantidos, para que isso ocorra sem discriminação ou exclusão. No que se refere às razões pragmáticas, chegou-se à conclusão de que a manutenção da necessidade de escolha por escolas especiais ou por escolas inclusivas era uma meta irreal, pois se há o compromisso de criar ou manter escolas especiais, os países não conseguirão, simultaneamente, proporcionar recursos ao processo de escolarização não segregado. Na prática, portanto, o investimento em escolas especiais milita contra o princípio da inclusão. Por esses motivos, foi rejeitado o retrocesso a espaços exclusivos de educação com base em impedimentos físicos, sensoriais, intelectuais ou mentais.

Em 2015, um ano antes de comemorarmos os dez anos da Convenção sobre os Direitos das Pessoas com Deficiência, pôde-se constatar que sua importância extrapolou os artigos nela estabelecidos.

Durante a atualização dos Objetivos de Desenvolvimento do Milênio (ODM), as propostas estipuladas para o período seguinte, 2015 a 2030, passaram a ser denominadas Objetivos de Desenvolvimento Sustentável (ODS), compondo a Agenda 2030.

Essa Agenda considera transversalmente os princípios e fundamentos estabelecidos pela Convenção sobre os Direitos das Pessoas com Deficiência. O exemplo mais significativo desse avanço é a redação do Objetivo de Desenvolvimento Sustentável 4, que diz respeito especificamente à Educação. Nele são reafirmados os desafios gerais a serem enfrentados, ao mesmo tempo em que são estabelecidas metas específicas para a construção de uma Educação cada vez mais inclusiva, equitativa e que considera a diversidade humana como valor, no mundo todo.

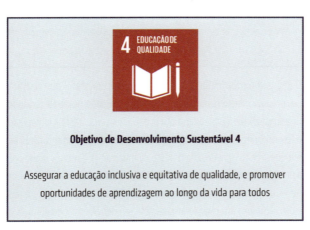

Objetivo de Desenvolvimento Sustentável 4

Assegurar a educação inclusiva e equitativa de qualidade, e promover oportunidades de aprendizagem ao longo da vida para todos

A união desses pleitos no estabelecimento da Agenda 2030 como um todo, por sua vez, influenciou a Declaração de Incheon escrita dentro do movimento de Educação para Todos, cujo marco normativo inicial, como vimos, foi a Declaração de Jomtien. Produto do Fórum Mundial de Educação realizado em 2015, a Declaração de Incheon demonstra já em seu título a ampliação, o aprofundamento e a consideração de tais princípios : "Educação 2030: rumo a uma educação de qualidade inclusiva e equitativa e à educação ao longo da vida para todos". Ao estabelecer a inclusão como afeta à Educação para todas as pessoas, a Declaração de Incheon articula os movimentos educacionais em prol do cumprimento do Objetivo de Desenvolvimento Sustentável 4 (ODS 4), guiada pelo que está escrito na Convenção sobre os Direitos das Pessoas com Deficiência.

> Nenhuma meta de educação deverá ser considerada cumprida a menos que tenha sido atingida por todos. Portanto, comprometemo-nos a fazer mudanças necessárias nas políticas de educação e a concentrar nossos esforços nos mais desfavorecidos, especialmente aqueles com deficiências, a fim de assegurar que ninguém seja deixado para trás.

O que é importante em todo esse percurso? Constatar que se trata de um movimento que, aos poucos, vai ampliando nossa capacidade de compreender quão diversa é a espécie humana. Desta maneira, ao não entender as diferenças como obstáculos e sim como fatores de enriquecimento que desafiam nosso conhecimento e nossos modos de agir no espaço comum, passamos a buscar formas de tirar as barreiras que impossibilitam as relações humanas. A partir dos princípios e das especificidades em relação às pessoas com deficiência, percebemos a paulatina incorporação de seus pleitos refletida nos inúmeros tratados de Direitos Humanos, internacionais e regionais, que estabelecem o direito à Educação e sua inter-relação com outros Direitos.

Todos os marcos históricos presentes em nossa linha do tempo nos fazem perceber que temos uma direção estabelecida no caminho para efetivar os Direitos Humanos a todas as pessoas sem exceção. Seu conteúdo pode ser universal – para todos – e focalizado – para determinado grupo. É importante ter em mente que, sejam focalizados ou gerais, os documentos instigam mudanças da sociedade como um todo, e não a construção de caixinhas separadas. Por exemplo, na pauta da pessoa com deficiência, a consolidação de uma convenção específica estabelece os rumos de mudanças sociais amplas, para além desse grupo. Ela não inaugura um processo; enquanto documento, ela registra quais consensos conseguimos estabelecer até esse momento histórico e quais são as bases para o aprimoramento de políticas públicas nacionais em relação a essa parcela da população, compreendida como parte do todo, como detentora de direitos e de cidadania plena.

Na relação entre esses dois termos – direitos humanos e cidadania –, fica explícito, pelos registros da história dos movimentos sociais, que nenhum documento tem a capacidade, por si só, de garantir a plena vigência e a eventual universalização dos direitos nele reconhecidos. A sociedade constantemente tem que exercer sua cidadania para garantir sua efetivação, bem como para conquistar novos direitos. E a participação de todos é fundamental para que consigamos vivenciar essa diversidade, mobilizando que cada pessoa se assuma como sujeito dos direitos que estão transcritos sob a forma de leis.

Requer, assim, que todos os grupos tenham voz ativa para dizer da vivência sobre suas demandas sociais cotidianamente. Não à toa, o lema do movimento político das pessoas com deficiência é "nada sobre nós, sem nós". Com esse movimento, ganhamos em termos de humanidade.

O grande desafio que a inclusão impõe à sociedade, portanto, é lidar com as diferenças humanas e buscar diferentes respostas, para gerar experiências significativas de participação. Ou seja, romper com a ideia de homogeneidade em que fomos formados durante séculos: pessoas ideais, abstratas, que se desenvolvem e participam de uma forma única – que é a certa!

Romper com essa ideia de padrão oportuniza pensar possibilidades a partir da singularidade de cada pessoa em cada contexto, com planejamento e avaliação voltados para o bem comum, a construção da autonomia e a plena participação.[3]

O mundo todo fez essa opção: quebrar barreiras é preciso! A inclusão não é o inverso de exclusão, e sim o processo de modificação das estruturas e atitudes. O que o Brasil tem feito nessa direção em termos educacionais?

---

3   Em 2015, foi criado um novo logotipo de acessibilidade pela Organização das Nações Unidas, com o objetivo de simbolizar a esperança de acesso igual para todos, equiparando oportunidades. O alcance global deste logotipo é transmitido por um círculo, com a figura simétrica conectada, para representar uma harmonia entre os seres humanos em sociedade. Esta figura humana universal, com os braços abertos, simboliza a inclusão para as pessoas de todos os níveis, em todos os lugares. Foi criado para aumentar a conscientização sobre as questões relacionadas à deficiência, e pode ser usado para simbolizar produtos, lugares e tudo o que é "amigável às pessoas com deficiência" ou acessível. Isso inclui a acessibilidade à informação, serviços e tecnologias de comunicação, bem como o acesso físico.

3 Políticas públicas focalizadas e seus reflexos nas políticas gerais brasileiras

No Brasil, a partir da segunda metade do século 20, surgiram ações e projetos destinados às pessoas com deficiência, principalmente dentro das áreas da educação e da saúde. Como vimos, o modelo adotado àquela época era o chamado biomédico, ou seja, essa parcela da população tinha suas vidas repletas de prescrições com vistas a sua normalização.

A educação, muitas vezes, era entendida como uma extensão desse modo e lugar de reconhecer a vida das pessoas com deficiência e fazia, portanto, parte desse receituário. Nessa mesma época, estávamos construindo o consenso de que ir à escola era importante para nossa formação pessoal e cidadã. Porém, para as crianças com deficiência, a educação se colocava como uma iniciativa complementar aos procedimentos clínicos. A escola, salvo raras exceções, era segregada e tinha critérios pedagógicos submetidos aos laudos médicos e às avaliações psicométricas.

Ao final da década de 1970, os movimentos sociais de e para pessoas com deficiência passaram a reivindicar sua maior participação nas decisões sobre aspectos que diziam respeito diretamente a eles. Assim, se organizaram em torno da luta pelo acesso e efetivação de todos os Direitos Humanos. Anos depois, essa perspectiva seria resumida no lema "nada sobre nós, sem nós", já citado. Algumas dessas histórias estão registradas no vídeo "História do Movimento Político das Pessoas com Deficiência no Brasil". Esse material, produzido pela Secretaria de Direitos Humanos da Presidência da República em 2010, é composto por depoimentos de pessoas com e sem deficiência que fizeram parte desse movimento de luta para tirar o segmento da invisibilidade e participar da vida pública como cidadãos plenos.

Reparem que, embora a perspectiva reivindicatória por direitos realizada pelas próprias pessoas com deficiência esteja datada desde o século 20, é somente em 2010 que esse registro por parte do poder público brasileiro ganha notoriedade. Muitos são os fatores, certamente. Três deles nos interessam neste livro: a criação da Secretaria Nacional dos Direitos das Pessoas com Deficiência dentro da Secretaria de Direitos Humanos da Presidência da República; o fato de a primeira Secretária, Izabel Maior, ser uma mulher com deficiência; e a ratificação da Convenção sobre os Direitos das Pessoas com Deficiência no Brasil, com *status* de emenda à nossa Constituição Federal.

Assim, quando o diálogo é estabelecido entre as pessoas que compõem determinado grupo – no caso, as pessoas com deficiência –, os efeitos em termos de mudanças sociais são invariavelmente mais promissores. Além disso, quando os direitos reivindicados ganham a agenda de políticas públicas, conseguimos dar passos importantes e gerar avanços permanentes para que a sociedade como um todo se mobilize em torno do desafio de concretizá-los.

Para entender melhor esse movimento no Brasil, vamos voltar para 1988. Ao estabelecermos nossa atual Constituição Federal, colocamos logo em seu Título I que temos como um de nossos fundamentos, a dignidade da pessoa humana; como um de nossos objetivos, promover o bem de todos, sem preconceitos de origem, raça, sexo, cor, idade e quaisquer outras formas de discriminação; e que atuaremos na prevalência dos Direitos Humanos. Assim, a discriminação e a exclusão passam a ser inconstitucionais. Em seu artigo 205, a Carta Magna assegura que a Educação é um direito de todos. Ele pode ser assim esquematizado:

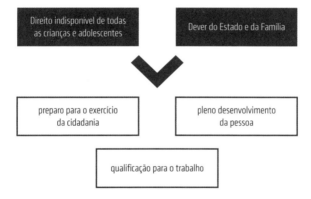

Em 1996, a Lei de Diretrizes e Bases da Educação Nacional, Lei no 9.394, é promulgada. Embora já sob a influência dos documentos consensuados internacionalmente, como a Declaração Mundial de Educação para Todos e a Declaração de Salamanca, nossa LDBEN mantém uma concepção de educação para os estudantes com deficiência que atrela condicionalidade às suas características específicas, sendo concebida como um direito que pode ou não ser efetivado. Dito de outra maneira, nesse documento, a Educação Especial enquanto modalidade de ensino se filia ao paradigma da integração. Resumidamente, é como se organizássemos todo o acesso aos direitos, inclusive à Educação, a partir da avaliação da deficiência em sua perspectiva biomédica.

Olhando com os conhecimentos que temos hoje, talvez esse enunciado pudesse ser enquadrado como discriminatório. Porém, como já dissemos quando da explanação sobre os paradigmas, naquele momento histórico estávamos justamente sob a égide da integração e do modelo biomédico. A LDBEN, portanto, reflete que o principal objetivo de nossas ações era o de aproximar o desempenho de todas as pessoas aos parâmetros de corponormatividade, instituindo uma espécie de comparação entre corpos a partir de um corpo considerado padrão.

De certa maneira, todas nós, pessoas com e sem deficiência, ainda vivenciamos essa questão de adequação de nossos corpos a determinado parâmetro considerado normal/belo, não é mesmo? Só que para as pessoas com deficiência, é ainda mais desafiador, porque se soma a essa ideia uma das noções básicas do modelo biomédico: o pareamento entre doença e deficiência. A corponormatividade, portanto, embora ditasse as regras da relação hegemônica entre os corpos humanos, ganhava, e ainda ganha, uma conotação diferente quando se agrega aos corpos das pessoas com deficiência. Considerada alguém com uma condição anômala de origem orgânica, a pessoa com deficiência era objeto de ações de reabilitação, inclusive educativas, e de uma visão caritativa, pois, nessa perspectiva, corpos com deficiência não são normais, posto que apresentam falhas/erros constitutivos.

Assim, não é de se estranhar que essa parcela da população fosse alvo de políticas "especiais" naquele momento. E, mesmo quando contemplada em uma política pública geral, como a Lei de Diretrizes e Bases da Educação Nacional, seu direito à educação é mediado por critérios que o condicionam a avaliações para saber se é possível ou não ter acesso e em que termos. O direito perde seu valor como tal e se aproxima de uma certa benemerência da sociedade e do Estado. A comparação entre diferenças corporais serve como argumento para justificar a exclusão, a negação de direitos plenos.

Os anos subsequentes à promulgação da LDBEN são pródigos na discussão do direito de todos à Educação no Brasil. Nesse período, houve a produção de políticas de governo nos âmbitos federal, estaduais e municipais, visando à concretização do que já estava alinhado em termos de diretrizes nacionais, buscando principalmente a operacionalização de uma concepção sistêmica da educação ao estabelecer igualdade de condições para o acesso e a permanência na escola e a continuidade nos níveis mais elevados de ensino como metas.

Que tal revisitar nossa linha do tempo para perceber a amplitude desse movimento no campo dos Direitos Humanos, particularmente em relação à Educação, e sua influência em termos de políticas públicas educacionais aqui no Brasil? (*veja gráfico na página 58*)

Políticas públicas focalizadas e seus reflexos nas políticas gerais brasileiras

3.1 A nomenclatura revela o momento histórico

Vamos rememorar algumas nomenclaturas utilizadas para se referir a essa parcela da população e refletir um pouco como elas traduzem cada momento histórico, com seus saberes e crenças, e as relações estabelecidas por nós e entre nós. Na educação, esses foram os termos mais utilizados:

- Deficientes;
- Portadores de deficiência;
- Pessoas portadoras de deficiência;
- Pessoas portadoras de necessidades especiais;
- Pessoas com necessidades educacionais especiais;
- Pessoas com deficiência.

A palavra *deficiente* demonstra que a sociedade compreende a presença de uma deficiência como definidora da pessoa em sua totalidade, que se torna passível de exclusão ou segregação. Já o termo *portador de deficiência* revela nossa crença no modelo biomédico e como a portabilidade de uma deficiência, compreendida como defeito, poderia deixar de existir por meio de medidas de correção. A integração era o paradigma vigente. Por sua vez, a ideia de *necessidades especiais* marca a passagem para um outro momento. Para pensar e atuar sobre as necessidades especiais que são requeridas, foi imprescindível colocar a pessoa na frente, como sujeito. Ou seja, perceber a pessoa para compreender quais são suas efetivas demandas rompe com a ideia de que basta olhar para uma parte dela para conhecê-la. Colocar a pessoa na frente da deficiência, enquanto terminologia, teve algumas variações, como *pessoas portadoras de deficiência, pessoas portadoras de necessidades especiais* e *pessoas com necessidades educacionais especiais*. Com essa inversão, entramos definitivamente no paradigma da inclusão, ainda que fossem precisos mais alguns anos até que chegássemos à formulação do termo *pessoa com deficiência* definido dentro da perspectiva social.

Em 2001, ou seja, 5 anos após a LDBEN ser estabelecida, o Brasil aprova o texto da Convenção da Guatemala, por meio do Decreto 3.956. Embora esse Decreto não tenha ficado tão famoso como a Declaração de Salamanca, ele é extremamente importante como marco da luta pelos direitos das pessoas com deficiência. Como já vimos, as convenções internacionais ganham como apelido o nome da cidade em que foram celebradas. Nesse caso, não foi diferente. Porém, vale saber o nome completo dessa Convenção, pois ele diz muito do seu propósito: Convenção Interamericana para a Eliminação de Todas as Formas de Discriminação contra a Pessoa Portadora de Deficiência. Ela traz três definições importantes:

1. Deficiência: o termo "deficiência" significa uma restrição física, mental ou sensorial, de natureza permanente ou transitória, que limita a capacidade de exercer uma ou mais atividades essenciais da vida diária, causada ou agravada pelo ambiente econômico e social;

2. Discriminação contra as pessoas portadoras de deficiência: toda diferenciação, exclusão ou restrição baseada em deficiência, antecedente de deficiência, consequência de deficiência anterior ou percepção de deficiência presente ou passada, que tenha o efeito ou propósito

de impedir ou anular o reconhecimento, gozo ou exercício por parte das pessoas portadoras de deficiência de seus direitos humanos e suas liberdades fundamentais.

3. Não constitui discriminação a diferenciação ou preferência adotada para promover a integração social ou o desenvolvimento pessoal dos portadores de deficiência, desde que a diferenciação ou preferência não limite em si mesma o direito à igualdade dessas pessoas e que elas não sejam obrigadas a aceitar tal diferenciação ou preferência.

Compreendam que estamos no início da perspectiva da inclusão e as nomenclaturas vão e voltam. Assim como a expressão *pessoas com necessidades educativas especiais* fundamentou a mudança de compreensão do direito à Educação das pessoas com deficiência, o Decreto no 3.956/2001, apesar de utilizar o termo portador e mencionar a plena integração das pessoas com deficiência, foi fundamental para que se promovesse uma reinterpretação das legislações vigentes no Brasil, inclusive da LDBEN. Ele estabelece como discriminação toda diferenciação, exclusão ou restrição baseada em deficiência. Ou seja, avança mais um pouco para o enfraquecimento do modelo biomédico e, em termos educacionais, nomeia como discriminação qualquer critério que se anteponha entre a pessoa com deficiência e seu direito indisponível à Educação. Também fortalece que a Educação Especial enquanto modalidade de ensino deve atuar para diferenciar com vistas à inclusão e não à segregação.

Já deu para perceber que o movimento de luta por direitos humanos é constante. Como parte do processo de nossa capacidade de nos humanizarmos, eles, os direitos, não são estabelecidos de uma vez só. Nem tampouco depois de escritos permanecem intactos. Eles se constituem como diálogo social em permanente processo de construção e reconstrução. São sínteses provisórias às reivindicações de cada tempo histórico. O importante é perceber que o conceito de pessoa com deficiência e o tipo de relação da sociedade com essa parcela da população mudam qualitativa e quantitativamente por conta desses movimentos reivindicatórios de direitos. O importante é estarmos cientes de que, quando a matéria diz respeito à Direitos Humanos, não se admite retrocessos.

Vale relembrar que pela dificuldade de efetivação dos preceitos da Declaração Universal do Direitos Humanos, as convenções e os tratados estabelecidos pela Organização das Nações Unidas passam a ter como foco a articulação entre a afirmação dos direitos gerais, para todos, e as demandas dos grupos vulneráveis, pessoas com deficiência por exemplo, de maneira que os Direitos Humanos universais de natureza individual e social possam ser concretizados. Essa estratégia tem possibilitado a incorporação das demandas específicas por legislações locais, e gerado, como vimos, um conjunto de normas e instrumentos válidos de direitos e deveres que consideraram pessoas e grupos antes à margem.

Novamente, qualquer política focalizada só tem valor social se for forjada e incorporada às políticas gerais. É bom sempre rememorar que inclusão não é o inverso de exclusão, e sim o processo de modificações das estruturas e atitudes. Qualificar como discriminação contra as pessoas com deficiência quaisquer atitudes ou atividades feitas, com o intuito de impedir sua participação, é avançar sobremaneira em busca da equiparação de oportunidades para uma cidadania plena. O modelo de caixinhas não se coaduna com a perspectiva inclusiva.

Nessa luta contra a discriminação, que justifica a violação de direitos contra a pessoa com deficiência, é forjado o conceito de capacitismo. Tendo suas raízes no modelo médico e em uma espécie de empatia atrelada ao coitadismo ou ao mito do super-herói, a visão capacitista, como todo o preconceito, decorre da falta de conhecimento e convivência. Assim como o machismo e o racismo, o capacitismo é estrutural em nossa sociedade. Enquanto manifestação de preconceito em relação às pessoas com deficiência, pressupõe que existe um padrão corporal ideal, taxa aquele que não está dentro desse padrão como incapaz e considera essas pessoas inaptas para as atividades em sociedade. Dito de forma direta, o capacitismo se baseia na existência da deficiência e não na pessoa; e a coloca, em geral, em lugares aparentemente bem opostos: o de herói que conseguiu se superar ou o de coitado que precisa de caridade. Em ambos, o que é diminuída é a própria possibilidade de perceber a pessoa com deficiência como parte da humanidade. A introdução desse termo em nosso vocabulário, como veremos mais adiante, é bastante recente.

3.2 A Convenção sobre os Direitos das Pessoas com Deficiência como política do Estado brasileiro

O afastamento paulatino do modelo biomédico e o alinhamento aos pressupostos de uma perspectiva social estão expressos no conceito de pessoa com deficiência escrito na Convenção sobre os Direitos das

Pessoas com Deficiência, adotada em 2006. Vamos recordar o conceito de pessoa com deficiência estabelecido por esse importante marco de Direitos Humanos?

> Pessoas com deficiência são aquelas que têm *impedimentos* de longo prazo de natureza física, mental, intelectual ou sensorial, os quais, em interação com diversas *barreiras*, podem obstruir sua *participação* plena e efetiva na sociedade em igualdades de condições com as demais pessoas.

Essa concepção afirma que a deficiência se constitui pela relação entre os impedimentos, características da pessoa, e as barreiras existentes no contexto. Essa recapitulação é importante para que entendamos seus reflexos em nosso país.

Ineditamente, no dia 9 de julho de 2008, a Convenção sobre os Direitos das Pessoas com Deficiência e seu Protocolo Facultativo foram ratificados no Brasil, segundo o rito contido na Emenda Constitucional no 45/2004. Assim, a Convenção torna-se o primeiro tratado internacional com *status* constitucional da história do Brasil – por meio do Decreto Legislativo no 186/2008. Por conta justamente do pioneirismo sobre essa nova forma de incorporar os tratados internacionais à nossa legislação, entendeu-se por bem seguir o rito anterior para garantir a validade desse processo. Assim, no ano seguinte, o Decreto no 6.949/2009, de mesmo teor, foi assinado pelo presidente da República. Pode-se afirmar que tanto a elaboração da Convenção pelas nações que compõem a ONU quanto o processo de ratificação no Brasil e demais países foram frutos da constante pressão dos movimentos sociais para que essa pauta entrasse definitivamente na agenda mundial.

Dentro dessa história, merece destaque a participação brasileira na elaboração da Convenção sobre os Direitos das Pessoas com Deficiência. As articulações de nossos representantes contribuíram para muitas reflexões, inclusive sobre a nomenclatura e a definição de pessoa com deficiência. A maioria dos integrantes da nossa comitiva eram pessoas com deficiência, fazendo valer o lema "nada sobre nós, sem nós".

Todas as legislações brasileiras que foram citadas até agora, inclusive a Convenção sobre os direitos das Pessoas com Deficiência, organizam o que chamamos de política de Estado. São aquelas diretrizes que funcionam como princípios que nos constituem como país. Por outro lado, para efetivar os Direitos Humanos por elas contemplados, as políticas de Estado instituídas requerem o estabelecimento de políticas públicas de gestão. As agendas governamentais são, por assim dizer, uma resposta às demandas sociais para efetivação cotidiana dos direitos, de maneira que ninguém seja excluído. Portanto, um dos objetivos das políticas públicas é justamente a concretização de direitos para garantir a participação social de todas as pessoas. Estabelecer políticas; planejar e executar ações, programas e planos; e, monitorar e avaliar seu cumprimento têm como propósito gerar melhores condições de vida e enfraquecer situações de exclusão, aqui entendidas como uma relação de descompromisso com o sofrimento do outro.

Nesse movimento, é estabelecido o Decreto no 6.094/2007, que dispõe, como parte das diretrizes do Compromisso Todos pela Educação, sobre a garantia do acesso e da permanência no ensino regular e o atendimento às necessidades educacionais especiais dos estudantes, fortalecendo seu ingresso nas escolas públicas. A utilização do termo necessidades educacionais especiais, cunhado na Declaração de Salamanca e ratificada pelo Brasil anos antes, embora não esteja alinhada com o conceito de deficiência apresentado pela Convenção sobre os Direitos das Pessoas com Deficiência, ao substituir definitivamente os termos totalmente correlatos ao modelo biomédico como portador de deficiência e deficiente, auxilia o fortalecimento do paradigma da inclusão. O discurso baseado nos Direitos Humanos, na participação plena com autonomia e na diversidade como valor tem a sociedade como foco e agente de mudança em direção à afirmação do homem como protagonista da História.

Assim, a partir de 2008, depois da promulgação da Convenção e da permanência dos movimentos na luta para garantir que os Direitos Humanos fossem efetivados para todas as pessoas, com e sem deficiência, o governo brasileiro buscou responder com a elaboração de políticas, pareceres, decretos, resoluções e leis para sua efetivação. Como já mencionado, um exemplo disso é o fato de que, devido à importância assumida pelo tema no Governo Federal, a antiga Coordenadoria Nacional para Integração da Pessoa Portadora de Deficiência (CORDE) foi alçada à Secretaria Nacional de Promoção dos Direitos da Pessoa com Deficiência (SNPD), a qual tem como uma de suas obrigações zelar pela implementação da Convenção.

3.3 A Política Nacional de Educação Especial na Perspectiva da Educação Inclusiva e seus efeitos

O objetivo das políticas públicas educacionais é trazer para o cotidiano das pessoas com deficiência a vivência concreta do acesso aos direitos, aos serviços e bens de forma integral e integrada, contribuindo para romper as caixinhas setoriais por meio de articulação sistêmica. Foram muitas as políticas públicas que se originaram dessa necessidade de efetivar o que está disposto na Convenção sobre os Direitos das Pessoas com Deficiência.

Como nosso foco é a Educação, vale o destaque para a Política Nacional de Educação Especial na Perspectiva da Educação Inclusiva, lançada em janeiro de 2008. Documento organizativo dessa modalidade de ensino, ela apresenta em sua estrutura e conteúdo, influências da recém-publicada Convenção sobre os Direitos das Pessoas com Deficiência. Tem como objetivo promover o acesso, a participação e a aprendizagem dos alunos com deficiência, transtornos globais do desenvolvimento e altas habilidades/superdotação nas escolas comuns, orientando os sistemas de ensino a promover respostas às necessidades educacionais desse público-alvo.

Dentro de suas atribuições como articulador da educação nacional, o Ministério da Educação, por meio dessa Política Nacional, instrui aos sistemas educacionais dos entes federados que a Educação Especial é transversal a todos os níveis e modalidades de ensino e constitui um campo de conhecimento, posto que para seu desenvolvimento é necessária a realização de pesquisas e estudos.

Sua meta é disponibilizar um conjunto de serviços, recursos e estratégias específicas para favorecer o processo de escolarização de todas, todos e cada um dos estudantes com deficiência, transtornos globais do desenvolvimento e altas habilidades/superdotação nas turmas comuns do ensino regular, garantindo:

- Transversalidade da Educação Especial, desde a Educação Infantil até a Educação Superior;
- Atendimento Educacional Especializado;
- Continuidade da escolarização nos níveis mais elevados do ensino;
- Formação de professores para o Atendimento Educacional Especializado e demais profissionais da educação para a inclusão escolar;
- Participação da família e da comunidade;
- Acessibilidade urbanística, arquitetônica, nos mobiliários e equipamentos, nos transportes, na comunicação e informação; e
- Articulação intersetorial na implementação das políticas públicas.

A Política Nacional de Educação Especial na Perspectiva da Educação Inclusiva, de 2008, induz a eliminação da necessidade de escolha entre a educação comum e a especial, baseada no entendimento de que ambas são importantes ao processo de escolarização dos estudantes público-alvo da modalidade. Em outras palavras, ela visa ultrapassar o modelo que estabelece dois sistemas educacionais – o comum e o especial – e promover a articulação entre os saberes neles acumulados, com o objetivo de efetivar ações que não compitam entre si ou substituam umas às outras. A ideia relacional ganha espaço na política pública educacional.

Ao retomar a expressão "Atendimento Educacional Especializado", utilizada na Constituição Federal e na LDBEN, e afirmar que o local onde ele deve ocorrer é na escola regular comum, abre caminho para a separação dos conceitos de Educação Especial – campo de conhecimento e modalidade de ensino – e Atendimento Educacional Especializado – um dos serviços a ser oferecido por essa modalidade. Circunscreve seu público-alvo, deixando de fora os chamados estudantes com dificuldades de aprendizagem e aqueles que estão em situação de defasagem quanto à idade e ano escolar. Dessa forma, explicita que a modalidade tem como uma de suas tarefas ampliar o repertório educacional geral, para que a Educação se torne cada vez menos excludente. Não deve, portanto, se estruturar para atender a todos os estudantes para os quais o sistema falha ao cumprir sua função, e sim induzir o sistema a mudar.

Como parte das obrigações educacionais, postula que o Atendimento Educacional Especializado deve constar no Projeto Político-Pedagógico (PPP) de cada unidade escolar que precisa descrever e disponibilizar os recursos necessários para efetivar esse serviço. Assim, a oferta da

Educação Especial, por esse documento, não fica mais atrelada a um lugar único e predeterminado para acontecer – a escola especial ou as classes especiais. Ela passa a ser pensada nacionalmente como um direito que se articula à educação comum para complementá-la ou suplementá-la.

> Na perspectiva da Educação Inclusiva, a **Educação Especial** passa a ser entendida como uma **modalidade a serviço da educação**, e não como um **lugar**.

Na Política Nacional de Educação Especial na Perspectiva da Educação Inclusiva está descrito que o acesso do aluno ao Atendimento Educacional Especializado acontece a partir de um estudo que possibilita reconhecer suas características pessoais e de desenvolvimento para construir diferentes estratégias pedagógicas de acordo com cada contexto, dando sustentação à inclusão escolar.

Dentre o conjunto de atividades que compõem o serviço, aquelas que têm o estudante como foco se diferenciam das realizadas na sala de aula comum e não são substitutivas à escolarização. Sendo de oferta obrigatória pelos sistemas de ensino, devem ocorrer sem prejudicar a participação do estudante junto a sua turma na sala de aula comum, com vistas à autonomia e independência.

A influência da conceituação de deficiência como relação entre impedimentos e barreiras é percebida na definição do Atendimento Educacional Especializado como aquela que apoia e é apoiada pelas atividades desenvolvidas no ensino comum, induzindo a reorganização da sala de aula, da escola e das redes de ensino.

Na condição de política indutora, a Política Nacional de Educação Especial na Perspectiva da Educação Inclusiva aponta aos sistemas de ensino locais a obrigação de promoverem modificações para atender a todos e cada um dos estudantes e não mais investir em processos seletivos que verifiquem as condições específicas dos alunos. Refere-se à concepção de que a garantia à Educação é direito social, sem nenhuma condicionalidade. É, portanto, um documento de gestão pública alinhado com o paradigma da inclusão e com a noção de Educação como Direito Humano inalienável. Dispõe sobre a modalidade da Educação Especial dentro do sistema educacional geral e aos estudantes por ela atendidos como pertencentes à comunidade escolar.

Sensibilizar as comunidades escolares a promoverem e protegerem os direitos das pessoas com deficiência mediante à eliminação de barreiras à participação.	Assegurar que as pessoas com deficiência possam desenvolver ao máximo suas capacidades e tenham acesso a serviços e oportunidades disponíveis na sociedade.

Nesse e em outros documentos de políticas públicas, a Educação está definida como um instrumento para autonomia. Seu diferencial é afirmar que tal construção não é possível fora dos espaços frequentados por todos, ou seja, que o acesso a uma vida plena requer a sistematização de informações legitimadas e qualificadas na comunidade escolar. Ao determinar que a escola comum, caracterizada como instituição que informa e discute conhecimentos relevantes a todos os cidadãos, cumpre sua função social com qualidade quando ninguém fica de fora, despotencializa os espaços segregados de Educação e se alinha à perspectiva social da deficiência.

À luz da Convenção, a Política Nacional de Educação Especial na Perspectiva da Educação Inclusiva passa a impulsionar uma nova postura frente à exclusão sofrida pelas pessoas com deficiência e transtornos globais do desenvolvimento, pois, ao valorizar as diferenças e denunciar a discriminação, provoca a efetivação de ações educacionais que têm como objetivo quebrar as diversas barreiras que impedem a participação plena desses estudantes. Fomenta, ainda, propostas– pedagógicas e de gestão – que possibilitam a melhoria do processo educacional e a promoção da acessibilidade, afirmando que todos devem estar na escola e ter acesso ao currículo comum.

Resumindo, a Educação Especial, como parte da prática educacional inclusiva, oferece o Atendimento Educacional Especializado, que é definido como o conjunto de atividades, recursos de acessibilidade e pedagógicos organizados institucionalmente, prestado de forma complementar ou suplementar à formação dos estudantes no ensino regular e voltado para a eliminação das barreiras que impedem o acesso ao currículo, visando à independência para a realização das tarefas e a construção da autonomia na sala de aula comum. O AEE deve integrar a proposta pedagógica da escola, envolver a participação da família e ser realizado em articulação com as demais políticas públicas.

Para operacionalizar a Política Nacional de Educação Especial na Perspectiva da Educação Inclusiva foi elaborado o Decreto no 6.571/2008, que institui a política de financiamento e regulamenta a organização do Atendimento Educacional Especializado aos estudantes público-alvo da Educação Especial. Em seu artigo 1º, estabelece os princípios do AEE e sua vinculação ao ensino comum. Às redes de ensino fica a incumbência de oferecerem a escolarização e, no contraturno, meios e modos que possibilitem aos estudantes com deficiência, transtornos globais do desenvolvimento e altas habilidades/superdotação terem acesso ao currículo estabelecido, com o objetivo de garantir um sistema educacional inclusivo em todos os níveis.

Como parte dessa organização, é estabelecido, no âmbito do Fundo de Manutenção e Desenvolvimento da Educação Básica e de Valorização dos Profissionais da Educação (Fundeb), o duplo financiamento aos estudantes público-alvo da Educação Especial que estejam matriculados no Atendimento Educacional Especializado e frequentem o ensino comum.

Assim, a União fica incumbida de prestar apoio técnico e financeiro aos sistemas públicos de ensino dos Estados, do Distrito Federal e dos Municípios. Para além do apoio financeiro, as formas de apoio técnico aos sistemas de ensino abrangem: formação de educadores e gestores, projetos de adequação arquitetônica, estruturação de núcleos de apoio nas instituições federais de ensino e produção de recursos para a acessibilidade.

Pode-se considerar que a Política Nacional de Educação Especial na Perspectiva da Educação Inclusiva, bem como o Decreto no 6.571 de 2008, por se tratarem de instrumentos que estabelecem a política de determinado governo, firmaram objetivos para promover a garantia do direito à Educação das pessoas com deficiência a partir das políticas de Estado estabelecidas.

Enquanto documento central de gestão da modalidade, a Política Nacional de Educação Especial na Perspectiva da Educação Inclusiva serviu como indutora para resoluções que buscavam responder questões que foram aparecendo conforme sua execução. Vamos lembrar de duas dessas resoluções para exemplificar.

A Resolução nº 4 de 2009 institui as Diretrizes Operacionais para o Atendimento Educacional Especializado na Educação Básica. Qual sua importância? O fato de ela ter sido assinada pelo Secretário de Educação Básica e pela Secretária da Educação Especial do Ministério da Educação representa um esforço interessante em estabelecer que o AEE é um serviço da escolarização e, portanto, requer diretrizes operacionais articuladas a partir do fazer próprio da educação geral. O documento estabelece em seu artigo 9º que:

> A elaboração e a execução do plano de AEE são de competência dos professores que atuam na sala de recursos multifuncionais ou centros de AEE, em articulação com os demais professores do ensino regular, com a participação das famílias e em interface com os demais serviços setoriais da saúde, da assistência social, entre outros necessários ao atendimento.

Reforça que o Projeto Político-Pedagógico da escola regular comum deve institucionalizar a oferta do AEE e prevê-lo em sua organização. Diz ainda que são atribuições do professor do Atendimento Educacional Especializado, entre outras:

IV – acompanhar a funcionalidade e a aplicabilidade dos recursos pedagógicos e de acessibilidade na sala de aula comum do ensino regular, bem como em outros ambientes da escola;

VIII – estabelecer articulação com os professores da sala de aula comum, visando à disponibilização dos serviços, dos recursos pedagógicos e de acessibilidade e das estratégias que promovem a participação dos alunos nas atividades escolares.

O trabalho colaborativo entre o professor do AEE e o professor da sala de aula comum aparece como estratégia educacional concernente ao próprio fazer pedagógico. Um passo decisivo em direção à efetivação da Educação Inclusiva.

Já a Resolução nº 4 de 2010, que estabelece as Diretrizes Curriculares Nacionais Gerais para a Educação Básica, define o conjunto orgânico, sequencial e articulado das etapas e modalidades desse nível de ensino. Ao retomar a Lei de Diretrizes e Bases da Educação Nacional, refere-se ao direito de toda pessoa ao pleno desenvolvimento, à preparação para o exercício da cidadania e à qualificação para o trabalho, na vivência e convivência em ambiente educativo; e à responsabilidade que o Estado brasileiro, a família e a sociedade têm de garantir a democratização do acesso, a inclusão, a permanência e a conclusão com sucesso das crianças, adolescentes, jovens e adultos na instituição educacional, a aprendizagem para continuidade dos estudos e a extensão da obrigatoriedade e da gratuidade da Educação Básica.

Especificamente, em seu artigo 29, aponta que a Educação Especial, como modalidade transversal a todos os níveis, etapas e modalidades de ensino, e parte integrante da educação, deve ser prevista no Projeto Político-Pedagógico da unidade escolar. Nos três parágrafos subsequentes diz:

§ 1º Os sistemas de ensino devem matricular os estudantes com deficiência, transtornos globais do desenvolvimento e altas habilidades/superdotação nas classes comuns do ensino regular e no Atendimento Educacional Especializado (AEE), complementar ou suplementar à escolarização, ofertado em salas de recursos multifuncionais ou em centros de AEE da rede pública ou de instituições comunitárias, confessionais ou filantrópicas sem fins lucrativos.

§ 2º Os sistemas e as escolas devem criar condições para que o professor da classe comum possa explorar as potencialidades de todos os estudantes, adotando uma pedagogia dialógica, interativa, interdisciplinar e inclusiva e, na interface, o professor do AEE deve identificar habilidades e necessidades dos estudantes, organizar e orientar sobre os serviços e recursos pedagógicos e de acessibilidade para a participação e aprendizagem dos estudantes.

§ 3º Na organização desta modalidade, os sistemas de ensino devem observar as seguintes orientações fundamentais:

I – o pleno acesso e a efetiva participação dos estudantes no ensino regular;

II – a oferta do Atendimento Educacional Especializado;

III – a formação de professores para o AEE e para o desenvolvimento de práticas educacionais inclusivas;

IV – a participação da comunidade escolar;

V – a acessibilidade arquitetônica, nas comunicações e informações, nos mobiliários e equipamentos e nos transportes;

VI – a articulação das políticas públicas intersetoriais.

Novamente, percebemos a intencionalidade das políticas educacionais de eliminar a falsa dicotomia entre Educação Especial e educação comum e estabelecer que ambas têm os mesmos objetivos educacionais. Importante dizer que essas resoluções foram elaboradas para responder às demandas dos sistemas educacionais estaduais e municipais de ensino. Fica demonstrado que as políticas de gestão estão sempre em movimento e a luta é para que elas aprimorem a garantia de direitos.

Esse investimento trouxe efeitos bastante positivos. Como podemos ver no gráfico a seguir, a matrícula de estudantes com deficiência cresce de maneira significativa, mais que dobra, nas escolas comuns e diminui nos espaços segregados. Há, portanto, além da migração das escolas especiais para as escolas comuns, um aumento efetivo das matrículas de crianças, adolescentes e jovens público-alvo da Educação Especial que provavelmente estavam fora de qualquer instituição escolar.

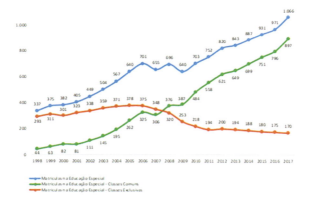

A atualização desses dados mantém as tendências anteriormente verificadas. Em 2018, foi constatado o total de 1.182.000 matrículas, sendo 1.015.000 na escola comum e 167.000 em classes e escolas especiais. Já em 2019, o total de matrículas foi de 1.251.000, sendo 1.091.000 na escola comum e 160.000 em classes e escolas especiais.

Em 2011, é publicado o Decreto no 7.611, que revoga o Decreto no 6.571/2008 e estabelece as diretrizes para a educação das pessoas público-alvo da Educação Especial. Com base no artigo 24 da Convenção sobre os Direitos das Pessoas com Deficiência e seu Protocolo Facultativo, faz uma nova leitura da mesma política de Estado. Ele dispõe sobre a Educação Especial, o Atendimento Educacional Especializado e dá outras providências. Em seu artigo 1o estabelece oito diretrizes:

I – garantia de um sistema educacional inclusivo em todos os níveis, sem discriminação e com base na igualdade de oportunidades;

II – aprendizado ao longo de toda a vida;

III – não exclusão do sistema educacional geral sob alegação de deficiência;

IV – garantia de Ensino Fundamental gratuito e compulsório, asseguradas adaptações razoáveis de acordo com as necessidades individuais;

V – oferta de apoio necessário, no âmbito do sistema educacional geral, com vistas a facilitar sua efetiva educação;

VI – adoção de medidas de apoio individualizadas e efetivas, em ambientes que maximizem o desenvolvimento acadêmico e social, de acordo com a meta de inclusão plena;

VII – oferta de Educação Especial preferencialmente na rede regular de ensino; e

VIII – apoio técnico e financeiro pelo Poder Público às instituições privadas sem fins lucrativos, especializadas e com atuação exclusiva em Educação Especial.

Essas diretrizes reforçam a vontade política de implementar a Convenção sobre os Direitos das Pessoas com Deficiência e a concepção de deficiência como característica humana. Nesse documento, fica mais uma vez colocado que a definição de inclusão é o movimento que envolve as pessoas e suas relações com os outros, determinado por formas de legitimação social e individual, cuja construção e reconstrução histórica se configuram em todas as esferas da vida.

Eliminar barreiras e mudar o sistema educacional para que todos tenham acesso, permanência e qualidade educacional é a linha de ação do Decreto no 7.611/2011. Suas diretrizes são indivisíveis e reforçam a necessidade de ações específicas dentro da educação geral. Porém, ainda não consegue se desvencilhar do advérbio *preferencialmente*, que acompanha a Educação Especial desde a década de 1960. De qualquer forma, localiza esse condicionante à modalidade, abrindo a possibilidade de que sua oferta pode ser feita por instituições privadas sem fins lucrativos, especializadas e com atuação exclusiva em Educação Especial.

Os itens VII e VIII, citados anteriormente, formam um par que diz respeito à forma de financiamento. Essa escolha suscita a ideia de que não se trata propriamente de discussão sobre princípios e diretrizes, e sim sobre quem tem direito a receber verba pública para ofertar os serviços da Educação Especial. A manutenção da definição e dos objetivos do Atendimento Educacional Especializado como serviço complementar ou suplementar e que deve integrar a proposta pedagógica da escola corrobora essa interpretação. São eles:

I – prover condições de acesso, participação e aprendizagem no ensino regular e garantir serviços de apoio especializados de acordo com as necessidades individuais dos estudantes;

II – garantir a transversalidade das ações da educação especial no ensino regular;

III – fomentar o desenvolvimento de recursos didáticos e pedagógicos que eliminem as barreiras no processo de ensino e aprendizagem; e

IV – assegurar condições para a continuidade de estudos nos demais níveis, etapas e modalidades de ensino.

Como forma de minimizar os efeitos dessas contradições existentes entre o Decreto no 7.611 e a Política Nacional de Educação Especial na Perspectiva da Educação Inclusiva, o Ministério da Educação, que assina esse Decreto junto com a Presidência da República, com base nas solicitações de esclarecimentos por parte dos diferentes atores envolvidos na execução das políticas, organizou a nota técnica no 62/2011, que atesta que o Decreto "não determinará retrocesso à Política Nacional de Educação Especial na Perspectiva da Educação Inclusiva". Para sustentar essa afirmação, recorre ao ordenamento jurídico brasileiro, no qual a legislação infraconstitucional deve refletir os dispositivos legais preconizados na Constituição Federal. Ou seja, que os instrumentos legais que os contrapõem devem ser alterados e que as leis e os decretos, como a Lei de Diretrizes e Bases da Educação Nacional, promulgada em 1996, o Decreto no 5.626/2005 e o Decreto no 7.611/2011, devem ser interpretados à luz dos preceitos constitucionais atuais.

Vale a menção que em 2011 foi lançado o Plano Nacional dos Direitos da Pessoa com Deficiência – Plano Viver sem Limite, por meio do Decreto no 7.612. Esse plano buscou articular as ações existentes e implementar novas iniciativas, com a participação de 15 ministérios. Trata-se de um conjunto de políticas públicas estruturadas em quatro eixos: Acesso à Educação; Inclusão Social; Atenção à Saúde e Acessibilidade. Cada ação presente nesses eixos é interdependente e articulada com as demais, induzindo a construção de redes de serviços e políticas públicas capazes de assegurar um contexto de garantia de direitos para as pessoas com deficiência, considerando suas múltiplas demandas nos diferentes momentos de suas vidas.

Pelo exposto, pode-se dizer que foram construídos consensos em termos de política de Estado, com a ratificação da Convenção sobre os Direitos das Pessoas com Deficiência. Porém, o processo para sua efetivação por meio das políticas de gestão fez vir à tona, novamente, todas as disputas dentro desse campo. Nos faz lembrar que a conquista de direitos não é feita toda de uma vez, e nem de uma vez por todas.

Diante dessas disputas recorrentes, há instrumentos legais para evitar retrocessos no que se refere aos direitos já garantidos?

3.4 O Plano Nacional de Educação: a meta 4 como destaque

Em 1988, a Constituição Federal retoma a necessidade de estabelecer um Plano Nacional de Educação plurianual, proposta lançada 50 anos antes por um grupo de educadores que elaborou o Manifesto dos Pioneiros da Educação Nova. Esse documento, entre outras questões, esboçou um diagnóstico e uma proposta de Plano Nacional de Educação para todos os níveis de ensino, o qual deveria dispor de sugestões para o governo no sentido de apontar soluções aos problemas educacionais, bem como seu financiamento.

A Constituição Federal, em seu artigo 241, retoma assim esse projeto que pretende, entre outros objetivos, estabelecer metas para 10 anos, na busca de minimizar os impactos negativos que as trocas de gestão acarretam para a Educação enquanto uma política do Estado brasileiro.

> A lei estabelecerá o plano nacional de educação, de duração plurianual, visando à articulação e ao desenvolvimento do ensino em seus diversos níveis e à integração das ações do poder público que conduzem à:
>
> I – erradicação do analfabetismo;
>
> II – universalização do atendimento escolar;
>
> III – melhoria da qualidade de ensino;

IV – formação para o trabalho;

V – promoção humanística, científica e tecnológica do país.

Em 2001, tivemos nosso primeiro Plano Nacional de Educação (PNE), que valeu até o ano de 2011. E, após três anos de discussão, em 2014, pela Lei 13.005 é estabelecido o segundo e atual PNE, válido até 2024. Ele tem como fundamentos:

- Visão sistêmica de educação;
- Regime de colaboração entre os entes federados;
- Articulação das normas gerais da educação, com seu desenvolvimento no território.

Embora essa não seja a abordagem ideal do Plano Nacional de Educação no que se refere à Educação Especial enquanto modalidade transversal de ensino, nos deteremos apenas à Meta 4. De qualquer forma, vale lembrar que os educadores envolvidos com as intensas discussões realizadas em Brasília tiveram como um de seus objetivos: pulverizar a presença dessa parcela do alunado ao longo do documento, para deixar explícita a responsabilidade de todos os níveis, etapas e modalidades de ensino com seu processo de escolarização, assim como a necessária transversalização da Educação Especial, ambos a serviço da construção de um sistema educacional inclusivo.

Voltando especificamente à Meta 4 do PNE, seu texto estabelece:

Universalizar, para a população de 4 a 17 anos com deficiência, transtornos globais do desenvolvimento e altas habilidades ou superdotação, o acesso à educação básica e ao atendimento educacional especializado, *preferencialmente* na rede regular de ensino, com a garantia de sistema educacional inclusivo, de salas de recursos multifuncionais, classes, escolas ou serviços especializados, públicos ou conveniados.

São ao todo 19 estratégias que falam sobre implantar, ao longo de 10 anos, Salas de Recursos Multifuncionais e fomentar a formação continuada de professores e professoras para o Atendimento Educacional Especializado, garantindo esse serviço, nas formas complementar e suplementar, a todos os alunos com deficiência, transtornos globais do desenvolvimento e altas habilidades/superdotação, matriculados na rede pública de educação básica, conforme necessidade identificada por meio de avaliação, com envolvimento da família e do aluno.

Entretanto, seu enunciado, ao carregar o *preferencialmente*, mantém entreaberta a possibilidade de uma leitura descontextualizada em prol de espaços segregados de Educação. Lembrem-se que no ano de 2016, o Comitê da Organização das Nações Unidas, responsável pelo monitoramento da implementação da Convenção sobre os Direitos das Pessoas com Deficiência, emitiu um Comentário Geral no 4 sobre o artigo 24 contrário à manutenção de escolas exclusivas e reafirmou o direito de todas as crianças, adolescentes e jovens à escolarização em ambientes inclusivos.

De qualquer forma, a meta de universalização do acesso dos estudantes público-alvo da Educação Especial ao ensino comum tem viabilidade em razão das condições favoráveis criadas a partir da institucionalização da Política Nacional de Educação Especial na Perspectiva da Educação Inclusiva, do financiamento da Educação Especial previsto no FUNDEB e das orientações pedagógicas disseminadas nos sistemas de ensino, com a publicação das Diretrizes Operacionais para a Oferta do Atendimento Educacional Especializado na Educação Básica.

O melhor indicador dos resultados dessa política é o aumento do percentual de matrículas dos estudantes público-alvo da Educação Especial em classes comuns verificado ao longo dos anos. Considerando a população de 4 a 17 anos, em 2014 o percentual de alunos matriculados era de 87,1%, passando para 92,8% em 2019. O acesso ao AEE também cresceu no período, passando de 37,1% em 2014 para 40,8% em 2019.

A garantia da "oferta de educação inclusiva, vedada a exclusão do ensino regular sob alegação de deficiência e promovida a articulação pedagógica entre o ensino regular e o Atendimento Educacional Especializado", estabelecida na estratégia 4.8 do PNE, reforça o percurso de políticas públicas estabelecidas até hoje. Mesmo com todo esse crescimento, ainda teremos que fazer um grande esforço nacional para cumprir a meta 4 do Plano Nacional de Educação e todas as suas 19 estratégias até 2024.

Em específico, a estratégia 4.15, que fala sobre "promover, por iniciativa do Ministério da Educação, nos órgãos de pesquisa, demografia e estatística competentes, a obtenção de informação detalhada sobre o perfil das pessoas com deficiência, transtornos globais do desenvolvimento e altas habilidades ou superdotação de 0 (zero) a 17 (dezessete) anos", é crucial para que saibamos o tamanho desse esforço, traduzindo em números quantas crianças e adolescentes estão fora da escola e quantos, mesmo tendo acesso, não estão recebendo apoios e ajudas técnicas para a efetivação de seu direito à Educação.

Tal qual explicitado em nossa Constituição Federal, a perspectiva social da deficiência não trabalha com classes ou categorias de pessoas. Ela não admite a possibilidade de que nosso sistema educacional seja seletivo com base na deficiência, pois nossa tarefa hoje é desconstruir as barreiras, dado que todos têm o Direito de mostrarem suas habilidades e se desenvolverem. É, portanto, o acompanhamento do cumprimento das metas que nos mostrará os passos dados rumo ao direito à Educação assegurado para todos e cada um. Para tanto, os dados fidedignos são indispensáveis.

Por fim, em relação ao Plano Nacional de Educação, vale dizer que essa lei contribui para que a educação comum se reestruture no sentido de garantir o acesso, a permanência e a aprendizagem dos estudantes com deficiência, transtornos globais do desenvolvimento e altas habilidades/superdotação como parte de suas atribuições, induzindo a desconstrução paulatina de uma cultura que ainda se ressente de um sistema paralelo, especial. E o faz de forma a promover a articulação entre as políticas especificamente orientadas a cada nível ou modalidade e também a coordenação entre os instrumentos de políticas públicas disponíveis à União, Estados e Municípios. Ao reconhecer as conexões entre educação básica, superior e as modalidades, potencializa as políticas de educação para que se reforcem reciprocamente e enfrentem estruturalmente a desigualdade de oportunidades educacionais.

3.5 O Estatuto da Pessoa com Deficiência se torna Lei

O Estatuto da Pessoa com Deficiência, mais conhecido como Lei Brasileira de Inclusão da pessoa com deficiência, LBI, foi aprovado em 2015, após mais de 10 anos de intenso debate no Congresso Nacional. Podemos fazer acerca da LBI a mesma reflexão proposta anteriormente: uma vez que os direitos das pessoas com deficiência já tinham força de lei com a ratificação da Convenção sobre os Direitos das Pessoas com Deficiência como emenda constitucional, ela seria mesmo necessária? A sociedade brasileira, incluindo o movimento político das pessoas com deficiência, entendeu que sim.

A Lei 13.146/2015 é bastante detalhada, e, tal qual a Convenção sobre os Direitos das Pessoas com Deficiência, refere-se a diversos Direitos: educação, saúde e benefícios como aposentadoria, acessibilidade, entre outros. Logo em seu artigo 2o, ela apresenta a definição de deficiência dentro da perspectiva social.

> Considera-se pessoa com deficiência aquela que tem impedimento de longo prazo de natureza física, mental, intelectual ou sensorial, o qual, em interação com uma ou mais barreiras, pode obstruir sua participação plena e efetiva na sociedade em igualdade de condições com as demais pessoas.

Nessa mesma direção, em seu artigo 28, afirma que incumbe ao poder público assegurar, criar, desenvolver, implementar, incentivar, acompanhar e avaliar, entre outros aspectos:

> I – sistema educacional inclusivo em todos os níveis e modalidades, bem como o aprendizado ao longo de toda a vida;

II – aprimoramento dos sistemas educacionais, visando a garantir condições de acesso, permanência, participação e aprendizagem, por meio da oferta de serviços e de recursos de acessibilidade que eliminem as barreiras e promovam a inclusão plena;

III – projeto pedagógico que institucionalize o atendimento educacional especializado, assim como os demais serviços e adaptações razoáveis, para atender às características dos estudantes com deficiência e garantir o seu pleno acesso ao currículo em condições de igualdade, promovendo a conquista e o exercício de sua autonomia;

(...)

V – adoção de medidas individualizadas e coletivas em ambientes que maximizem o desenvolvimento acadêmico e social dos estudantes com deficiência, favorecendo o acesso, a permanência, a participação e a aprendizagem em instituições de ensino.

Ainda no que se refere à Educação, a Lei Brasileira de Inclusão estabelece como crime passível de multa e detenção a recusa de matrícula de crianças e adolescentes com deficiência no ensino regular, tanto na rede pública quanto na rede particular de ensino. Sem dúvida, um grande avanço! Assim, embora não traga o termo capacitismo em suas normativas, orienta que as discriminações contra as pessoas com deficiência devem ser encaradas como violações de direitos.

> Considera-se discriminação em razão da deficiência toda forma de distinção, restrição ou exclusão, por ação ou omissão, que tenha o propósito ou o efeito de prejudicar, impedir ou anular o reconhecimento ou o exercício dos direitos e das liberdades fundamentais de pessoa com deficiência, incluindo a recusa de adaptações razoáveis e de fornecimento de tecnologias assistivas.

Romper com o capacitismo estrutural que está posto nas relações sociais é atuar para eliminar as barreiras, notadamente as atitudinais, que impedem a participação plena, pois é na relação interpessoal que a visão sobre as pessoas com deficiência como incapazes, dependentes, sem potência para exprimir suas vontades, é mantida ou pode ser modificada por nós. Como sabemos, a pessoa com deficiência não pode ser reduzida ao impedimento, uma das características que constitui sua subjetividade.

Observando todo esse movimento social, fica patente que nossa legislação atual garante o direito de todos à participação plena com autonomia, sem discriminação. E que, diferente de outras épocas, o poder público responsabiliza-se por políticas que tenham como público-alvo pessoas sem e com deficiência, em uma perspectiva social. Claro que ainda há pessoas e instituições que trabalham dentro de uma abordagem assistencialista, dentro do modelo biomédico. A boa notícia é que esse não é mais um discurso único nem tampouco o que predomina.

E o movimento não para!

4 Inclusão e Educação: Todos, sem exceção

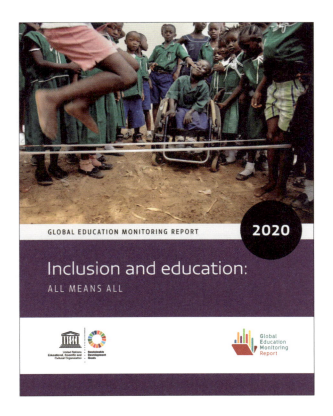

Em plena pandemia, no dia 23 de junho de 2020, a UNESCO – Organização das Nações Unidas para a Ciência, Cultura e Educação – lançou o Relatório Global de Monitoramento da Educação, que avalia o progresso em direção ao Objetivo de Desenvolvimento Sustentável 4 e suas dez metas, bem como outras relacionadas à Educação na Agenda 2030.

O Relatório traz como título *Inclusão e Educação*, chamando a atenção para todos os excluídos desse Direito e as grandes desigualdades ainda existentes. O documento é motivado pela referência explícita à inclusão na Declaração de Incheon, de 2015, e pela convocação feita pelo ODS 4 para garantir uma Educação de qualidade, inclusiva e equitativa, nossa meta global. Isso nos lembra que não importa qual argumento possa ser construído em contrário, temos o imperativo moral de garantir que todas as crianças, adolescentes e jovens tenham Direito a uma Educação adequada de alta qualidade.

> Este Relatório identifica diferentes formas de exclusão, como elas são causadas e o que podemos fazer a respeito. Dessa forma, trata-se de um chamado à ação que devemos considerar enquanto buscamos abrir o caminho para sociedades mais resilientes e igualitárias no futuro.

Ao final, o Relatório faz dez recomendações:

1. Ampliar a compreensão sobre a educação inclusiva: incluir todos os estudantes, independentemente de sua identidade, seu histórico ou suas habilidades.

2. Financiar aqueles que foram excluídos: a inclusão não será possível enquanto milhões não tiverem acesso à educação.

3. Compartilhar conhecimentos e recursos: esta é a única maneira de sustentar uma transição para a inclusão. Atingir a inclusão é um desafio de gestão.

4. Envolver-se em consultas significativas com as comunidades e com os pais: a inclusão não pode ser imposta "de cima para baixo".

5. Garantir a cooperação entre departamentos, setores e níveis governamentais: a inclusão na educação é apenas um subconjunto da inclusão social.

6. Criar espaço para que atores não governamentais questionem e preencham lacunas: é preciso certificar-se também de que eles trabalham em busca do mesmo objetivo de inclusão.

7. Aplicar o desenho universal: garantir que sistemas inclusivos atendam ao potencial de todos os estudantes.

8. Preparar, empoderar e motivar a força de trabalho da educação: os professores devem estar preparados para ensinar todos os estudantes.

9. Coletar dados para uma inclusão com atenção e respeito: evitar rótulos que estigmatizam.

10. Aprender com os colegas: a transição para a inclusão não é fácil. A inclusão representa o afastamento da discriminação e do preconceito, em direção a um futuro que pode ser adaptado a vários contextos e realidades.

Essas recomendações gerais resumem tudo aquilo que já foi exposto e fazem uma ponte para nosso próximo momento, que é analisar como essas políticas se refletem no espaço escolar.

> OS RESULTADOS DA INCLUSÃO NA EDUCAÇÃO
> PODEM SER IMPRECISOS, MAS SÃO REAIS

Para percebermos esses resultados reais da inclusão, vamos para a escola?

4.1   A perspectiva inclusiva entrando na escola

A construção de uma escola inclusiva parte da premissa e do desejo de que ela seja central na articulação de Direitos Humanos para os estudantes, sem exceção, e para a comunidade do seu entorno. Não custa lembrar que a Educação é um direito que abre caminho para acessar outros direitos!

Por todo o movimento social de luta por direitos que estudamos até aqui, a entrada das pessoas com deficiência, transtornos globais do desenvolvimento e altas habilidades/superdotação nas escolas comuns não pode ser encarada somente na perspectiva da garantia da matrícula e da presença, mas, principalmente, da garantia de permanência e participação.

Não se trata, pois, de reforçar uma cultura de tolerância à diferença, onde se permite ao diferente a participação em um espaço específico, previamente estabelecido. Para sair do assistencialismo e da benemerência e romper com o capacitismo, ao contrário, é urgente e necessária a estruturação de pressupostos de valorização da pluralidade de corpos, sentidos e pensamentos, (re)criando uma escola que respeita o direito à diferença e que move recursos equitativamente para a garantia do acesso de todos, sem deixar ninguém para trás. Como vimos, a escola, por ser uma instituição que se interpõe entre o mundo público e o espaço privado da família, é desafiada permanentemente a transitar entre o que conservar e o que transformar dentro de contextos que se alteram. Estar em movimento é assim, uma característica dessa instituição social.

Como já estabelecido desde a Declaração de Salamanca, não cabe ao aluno se adaptar à escola, mas à escola e àqueles que a fazem cotidianamente rever e transformar suas práticas, para que todos convivam plenamente e possam desfrutar de tudo aquilo que ela tem para oferecer. Em uma frase: o desafio de quebrar barreiras está posto para a escola também!

4.2   A função social da escola em tempos de inclusão

Afinal, para que serve a escola? Há muitas respostas possíveis para essa pergunta, já que elas dependem do ponto de vista de quem vai respondê-la. Há uma infinidade de concepções, olhares e experiências que podem levar a diferentes conclusões.

No entanto, a busca por uma resposta coletiva é fundamental, já que, do ponto de vista da sociedade, a escola é uma instituição que a compõe e, portanto, precisa ter definida e compartilhada uma função que unifique os objetivos de suas teorias e práticas. Compreender a função social da escola é o pontapé inicial para construir caminhos e possibilidades comuns, visto que ela é, ao mesmo tempo, o norte e a base, o objetivo e o pressuposto do trabalho escolar.

Apesar de central, essa não é uma resposta simples. Para começar, ela não é uma resposta única, porque depende de qual sociedade estamos falando. Ao longo de nossa história, como vimos, a escola ou as práticas de educação formal assumiram diferentes papéis e funções, a depender das relações sociais que a forjaram em cada momento. Ao mesmo tempo, a escola não é, nem deve ser, uma *mímese* – um reflexo direto do mundo –, pois o descompasso entre a sociedade real e a sociedade que queremos é o que nos movimenta. Essa foi justamente uma das inquietações que guiou as reflexões da filósofa alemã Hannah Arendt sobre a Educação e o papel da escola. Podemos dizer que, para ela, o mundo está em crise permanente. Diferente do que estamos acostumados a pensar, isso não é necessariamente algo ruim. A origem dessa crise está no fato de que o mundo das sociedades humanas, especialmente das sociedades modernas, ao mesmo tempo que busca sua conservação, está em constante transformação. A estabilidade e a novidade se relacionam, assim como o passado e o futuro, mediadas pelo presente. E é nesse presente que atuamos com nossos valores, crenças e fazemos nossas escolhas.

Para além das transformações impulsionadas pelas sociedades modernas por meio de inovações e desenvolvimentos tecnológicos, há uma forma biologicamente natural de renovação do mundo: a todo momento, novos seres humanos nascem. Seu início no mundo guarda uma característica: eles não chegam como humanos acabados, prontos para sobreviverem e lidarem com as demandas da sociedade que os recebe. Eles, portanto, já são novos seres humanos e estão, ao mesmo tempo, se tornando seres humanos. Essa é uma compreensão central para entendermos o sujeito da educação.

Nesse sentido, a educação como uma das atividades mais elementares e necessárias da sociedade humana, nunca permanece a mesma. Ela se renova constantemente, precisamente pela chegada desses novos seres. O mundo e a educação se fazem de forma intergeracional!

O educador, por assim dizer, é o anfitrião da criança no mundo. Como alguém que recebe um visitante em sua casa, é ele quem diz: veja, este é o nosso mundo, é assim que nos portamos e funcionamos, essas são nossas características, essas são nossas belezas e essas, nossas fraquezas. Esse mundo que apresentamos às crianças é sempre um mundo velho ou antigo para elas, dado que seus construtores são as gerações anteriores, tanto as atuais, viventes, quanto as gerações passadas, que já não se encontram entre nós. Daí se desdobra o duplo caráter da Educação.

De um lado, a criança precisa de proteção contra o mundo existente e com o qual ela ainda não está preparada para lidar autonomamente. Para que a vida se desenvolva, para que as características, habilidades e inteligências atinjam o seu maior potencial, é preciso um espaço resguardado, onde crianças e adolescentes possam estar, conviver e participar em segurança. Não à toa, o avanço em termos de Direitos Humanos tem estabelecido paulatinamente a criança como sujeito e prioridade absoluta. No Brasil, a lei que mais representa esse movimento é o Estatuto da Criança e do Adolescente estabelecido em 1990.

> Art. 3º A criança e o adolescente gozam de todos os direitos fundamentais inerentes à pessoa humana, sem prejuízo da proteção integral de que trata esta Lei, assegurando-se-
> -lhes, por lei ou por outros meios, todas as oportunidades e facilidades, a fim de lhes facultar o desenvolvimento físico, mental, moral, espiritual e social, em condições de liberdade e de dignidade.

Os adultos, como anfitriões, devem trabalhar para manter essa forma de relação, e não podem desconsiderar a diferença de responsabilidade entre o professor e o estudante. Assim, a escola oferece um ambiente protetor, não para separar as crianças do mundo, mas para chamá-las ao processo de conhecê-lo.

De outro lado, o mundo e sua história também precisam de proteção: devem ser preservados do esquecimento daquilo que é valioso para a humanidade, ou seja, da novidade enquanto representante de algo aparentemente superior e que compulsoriamente descarta o que está posto por ser "melhor". Este mundo antigo, mais velho do que todos os vivos, traz com ele conquistas da humanidade que não podem ser perdidas, do domínio do fogo à ciência contemporânea. Diante dos novos habitantes do mundo, a Educação, assim, tem o papel de conservar as conquistas da humanidade, evitando tanto o ostracismo de conhecimentos fundamentais quanto a necessidade infundada de "reinvenção da roda".

Assim, a escolarização é ofertada no momento em que esses seres humanos ainda não estão plenamente aptos para cuidar do mundo com autonomia. Uma de suas funções, por conseguinte, é estabelecer e percorrer, com eles, os caminhos de introdução à participação integral na sociedade.

A apresentação da criança ao mundo e do mundo à criança deve ser, necessariamente, mediada por alguém que tenha conhecimentos suficientes sobre ele. Dessa maneira, o convívio que se dá entre adultos e crianças na escola, representa o encontro entre aquilo que a sociedade é e aquilo que virá a ser. Os adultos, como anfitriões, devem trabalhar para manter essa forma de relação e não podem desconsiderar a diferença de responsabilidade entre o professor e o estudante. Assim, a escola oferece um ambiente protetor, não para separar as crianças do mundo, mas para chamá-las ao processo de conhece-lo. O convite é para que os mais novos se relacionem com os conhecimentos que os antecedem e, nesse processo, se responsabilizem paulatinamente por nosso mundo comum.

Como falamos, é importante salientar que, de maneira nenhuma, a escola é o mundo, nem deve fingir sê-lo. A escola, antes de tudo, é a instituição que se coloca entre a vida privada do lar e a vida pública do mundo, com o intuito de tornar possível a transição do pertencimento ao grupo familiar, restrito, para a sociedade mais ampla.

Os educadores, em relação à criança, são representantes do que está posto. Dessa forma, precisam assumir responsabilidade pelo mundo, mesmo que desejem, em segredo ou abertamente, que ele fosse diferente do que é. Essa é uma característica implícita do papel de anfitrião, daquele que apresenta e explica constantes e variáveis, e faz o convite para novas reflexões. Educar é assumir a parte que nos cabe de conservar e transformar conjuntamente a realidade!

Ora, quem aponta os detalhes e diz "este é o nosso mundo" ocupa, diante dos recém-chegados, o papel de representante de todos os demais. Se não tomamos em nossas mãos essa tarefa, significa que abrimos mão de nossa autoridade, que não se confunde com autoritarismo, muito menos com tirania. Autoridade é, simplesmente, assumir a coautoria pelo mundo como ele está. Nas palavras de Hannah Arendt:

> A educação é assim o ponto em que se decide se se ama suficientemente o mundo para assumir responsabilidade por ele e, mais ainda, para o salvar da ruína que seria inevitável sem a renovação, sem a chegada dos novos e dos jovens. A educação é também o lugar em que se decide se se amam suficientemente as nossas crianças para não as expulsar do nosso mundo, deixando-as entregues a si próprias, para não lhes retirar a possibilidade de realizar qualquer coisa de novo, qualquer coisa que não tínhamos previsto, para, ao invés, antecipadamente as preparar para a tarefa de renovação de um mundo comum.

Inclusão e Educação: Todos, sem exceção

Também é função da escola "não expulsar as crianças de nosso mundo, deixando-as entregues a si próprias", ou, dito de outra maneira, é função da escola não deixar ninguém para trás. A sociedade, como vimos, tem escolhido se tornar cada vez mais inclusiva, e esse é um dos elementos que evidenciam o descompasso entre o mundo que existe e o mundo que queremos que exista.

Relatório Global de Monitoramento da Educação

Recomendação 5

Garantir a cooperação entre departamentos, setores
e níveis governamentais: a inclusão na educação é
apenas um subconjunto da inclusão social.

Hoje, a escola, para cumprir sua função social, deve se organizar para efetivar a Educação Inclusiva, exercendo seu papel único na construção desse mundo de vir a ser. Os educadores, enquanto anfitriões, assumindo a responsabilidade que lhes cabe, caminham sobre esse princípio ético-político transmitindo uma herança viva e potencializando a criação de novas formas de relação humana em direção à sociedade que queremos, chamando todas as crianças, sem exceção, a partilharem desse percurso.

4.3   O Projeto Político-Pedagógico

Construir uma escola que não deixa ninguém para trás não é um trabalho solitário. Ao contrário, organizar um ambiente comprometido com a aprendizagem de todos e de cada um exige um processo intenso de coordenação de diferentes ações. Em outras palavras, exige atuação em equipe.

A execução de um trabalho em equipe é um processo que exige implicação, e, por isso, a prática e a compreensão do seu significado são, frequentemente, negligenciadas ou incompreendidas. Não é incomum nos depararmos com métodos de divisão de trabalho nos quais as pessoas estão completamente separadas umas das outras, física ou metaforicamente. Um grupo de pessoas, onde cada uma se sente responsável somente pela sua parte, deixando de lado o fato de que as diferentes funções têm um propósito comum, não atende aos princípios de trabalho em equipe. Dedicar-se às suas tarefas é importante, mas não suficiente. Já ouviram falar que a soma das partes é sempre menor que o todo?

Há também concepções muito estreitas de equipe, em que a importância de algumas pessoas e tarefas é exagerada, enquanto a de outros é diminuída ou até ignorada. Isso também contribui para esvaziar a percepção de que a escola tem uma função social estabelecida e que todas as atividades desempenhadas por todos seus profissionais são fundamentais para realizá-la.

Ora, o processo educacional não obedece a divisões arbitrárias. A equipe gestora, a equipe dos corredores, pátios e portões, os professores de dentro e de fora da sala de aula, a equipe da limpeza, a coordenação pedagógica, a equipe da cozinha e todos os outros papéis que acontecem e convivem no âmbito escolar participam ativamente desse processo total – ainda que socialmente alguns desses serviços sejam material e simbolicamente desvalorizados e possam parecer, à primeira vista, meramente acessórios. Como costuma se falar, a Educação Inclusiva, aquela que valoriza a todos, começa no portão da escola.

Para a construção de uma instituição escolar que não deixa ninguém para trás, é necessário reunir todos esses trabalhos de maneira tal que os envolvidos estejam conscientes de seu propósito comum e, portanto, da corresponsabilidade que lhes cabe para atingi-lo. É fundamental, assim, que os objetivos, para além de elaborados, estejam anunciados, registrados, publicizados e disponíveis.

Como sabemos, a escola é um local essencialmente diverso, uma vez que é um lugar de encontro de múltiplos interesses, realidades e histórias. Das funções, experiências e vivências de seus trabalhadores emergem diferentes perspectivas. É dessa diversidade que nasce a possibilidade de construção de um trabalho abrangente e qualificado: todos contribuindo a partir do seu ponto de vista. No entanto, não se constrói um norte se cada um segue suas próprias diretrizes. É preciso organizar produtivamente as diferenças em consensos, acordos e, principalmente, em sínteses.

Essa é a função do Projeto Político-Pedagógico (PPP). Ele é um documento que organiza um *projeto* – já que ele define e elabora um planejamento desejado a ser realizado – *político* –, por ter um caráter coletivo e refletir posicionamentos e diretrizes diante do mundo – e *pedagógico* –, pois organiza processos educativos e aponta caminhos de ensino e aprendizagem. É nele que se estabelecem os princípios e se organiza o funcionamento de cada unidade escolar em consonância com seus fins, com sua função social.

PROJETO POLÍTICO-PEDAGÓGICO

| define e elabora um planejamento desejado a ser realizado | tem caráter coletivo e reflete posicionamentos e diretrizes diante do mundo | organiza processos educativos e aponta caminhos de ensino e aprendizagem |

Ao expressar os pressupostos e os objetivos, ele é ponto de encontro entre as intenções e a prática. Nesse movimento de pensar o que existe e onde queremos chegar, podemos fazer um paralelo com o estabelecimento dos Direitos Humanos, que apontam caminhos para a construção de uma sociedade cada vez menos excludente, envolvendo e responsabilizando a todos no planejamento e execução coletivos. Conforme Libâneo:

> O projeto representa a oportunidade de a direção, a coordenação pedagógica, os professores e a comunidade, tomarem sua escola nas mãos, definir seu papel estratégico na educação das crianças e jovens, organizar suas ações, visando a atingir os objetivos que se propõem. É o ordenador, o norteador da vida escolar.

Sendo assim, o Projeto Político-Pedagógico não é, nem pode ser, mera formalidade. O fato da Lei de Diretrizes e Bases da Educação Nacional (LDBEN), promulgada em 1996, obrigar as escolas a elaborarem seus PPP de forma institucional, não pode se confundir com a função precípua de registro intencional dos seus objetivos. Ou seja, entender o

Projeto Político-Pedagógico como documento feito apenas para atender à legislação, elaborado de maneira *pro forma* para ser esquecido em uma gaveta, não responde às demandas sociais de seus propósitos, além de diminuir as chances de se efetivar um trabalho em equipe na escola. De certa forma, a lei, que poderia ser compreendida como mera formalidade, existe justamente para marcar a necessidade de que o desenvolvimento do trabalho escolar deve se erguer sobre uma intencionalidade prévia, decidida em conjunto. Estabelecemos as metas para a educação nacional no Plano Nacional de Educação, e para estados e municípios nos Planos Estaduais e Municipais de Educação respectivamente. O Projeto Político-Pedagógico contextualiza essas metas, dando um contorno a partir da comunidade onde a escola se localiza e dos objetivos singulares a serem atingidos.

Esse planejamento é de responsabilidade de toda a equipe, e não de uma pessoa. Assumido conjuntamente, o documento é uma ferramenta potente que norteia o conjunto de profissionais para colocar em prática aquela escola que está em constante estado de se tornar. Uma escola que não deixa ninguém para trás é uma escola permanentemente em construção, viva, dinâmica, porque sua lida é diária. O PPP é um documento da escola para ela mesma, pois ele guarda em si e dispõe sua identidade institucional, forjada na realização cotidiana de seus fins, de seus objetivos, de sua prática.

Toda prática parte da análise do presente, ou seja, partimos de onde estamos para onde queremos chegar, e por isso é tão importante realizar diagnósticos sinceros para estabelecer planos, notadamente o PPP. É a partir da reflexão sobre a escola que somos hoje, que se torna viável propor ações, seja para mantermos os rumos, seja para nos adequarmos a novos caminhos. Atualizar a acessibilidade em entradas, corredores, banheiros, comprar mobiliário escolar, disponibilizar mais ou menos horários de planejamento são exemplos de ações que só podem ser decididas a partir da análise diagnóstica dos desafios e questões latentes que precisam ser solucionados e aprimorados.

Sendo o documento que aponta diretrizes e põe à público a identidade escolar, o Projeto Político-Pedagógico é esse manifesto da escola, a expressão da sua tomada de responsabilidade no que lhe cabe de particular, enquanto comunidade de determinada instituição dentro da sociedade. Nele, devem ser considerados todos os âmbitos que compõem o ambiente educacional, das diretrizes pedagógicas às administrativas, organizando a proposta curricular e outras questões que a comunidade julgar relevantes.

Ao mesmo tempo, ele é um documento de consulta, que deve estar disponível a todos os envolvidos no processo, para que possam tornar e retornar a ele, sempre que necessário. Dessa maneira, é preciso que o PPP esteja claro para todos, que todos tenham acesso a ele e que consigam se responsabilizar por sua execução. Assim, será possível alinhar seu conteúdo e instituir um movimento para minimizar seu aspecto formalístico e dar luz a sua potência enquanto plano de referência, fazendo com que ele deixe de ser meramente administrativo, com sua construção atribuída exclusivamente para a direção escolar, e se torne a alma, a essência da escola, mobilizando um sentimento de pertença e alavancando o trabalho em equipe.

Mesmo depois de elaborado e até impresso, ele não está acabado. O PPP deve ser retomado e posto à prova, cotidianamente, por todos da escola. A sua construção é permanente. Na medida em que executamos os planos, podemos avaliar continuamente o que foi decidido, o que precisa ser (re)definido, o quão próximos ou distantes estamos dos objetivos traçados. É isso que dá vida a esse instrumento.

Quanto mais ele permanece em movimento, mais ele se configura como uma ferramenta de unificação das intenções e dos objetivos das práticas educacionais de cada escola, já que ele é o guia comum dessas ações. Não poderia ser diferente, uma vez que os trabalhos coocorrem para o mesmo fim, especialmente se o objetivo maior é não deixar ninguém para trás.

Sendo um documento vivo, ele pode e deve ser iluminado pela prática cotidiana e suas transformações. Deve ser atualizável pela comunidade que se vale dele, no desenvolvimento de suas práticas, no descobrimento de novos possíveis acordos, no avanço das compreensões que vêm com o desenrolar diário do processo educacional.

Dessa forma, o PPP não apenas define o que se quer implementar na escola, como também reflete a realidade existente nela, pois emana das dificuldades, dos desafios, das qualidades e das necessidades das pessoas que compõem a comunidade escolar.

Relatório Global de Monitoramento da Educação

Recomendação 4

Envolver-se em consultas significativas com as comunidades e com os pais: a inclusão não pode ser imposta "de cima para baixo".

Se há uma intencionalidade comum, se é exatamente o momento de síntese das múltiplas perspectivas em direção a objetivos compartilhados, então a maneira mais produtiva de sua autoria é a coletiva. Deve-se, assim, buscar caminhar no sentido de uma elaboração compartilhada do PPP, que envolva toda a comunidade, já que, sabemos, o processo educacional é responsabilidade de todos.

A elaboração compartilhada é uma das maneiras, embora não a única, de legitimar esse documento. Mais que isso, é a forma de garantir que todos estejam cientes e conscientes dos objetivos e diretrizes que guiam a prática escolar, tornando-os ativamente corresponsáveis pelo processo educacional. O registro das intenções e das ações em prol da equidade enquanto diretriz na construção de um Projeto Político-Pedagógico é a pedra fundamental de uma escola que tomou para si o compromisso de ser inclusiva. Nesse sentido, é de suma importância que o planejamento declarado nesse documento tenha a intenção expressa e pública de não deixar ninguém para trás, pois não há como ser inclusiva apenas em determinados aspectos, apenas para algumas pessoas. Para tanto, vale inserir nas discussões os planos e agendas estabelecidos em todas as esferas – mundial, nacional, estadual e municipal. O PPP é a singularização de todos esses documentos, tendo em conta o nosso projeto para nossa escola. E, por falar em documentos nacionais que devem ser considerados quando organizamos nosso trabalho na escola, vamos nos dedicar agora a um que nos orienta sobre como construir nosso currículo: a Base Nacional Comum Curricular.

4.4   A Base Nacional Comum Curricular e o currículo escolar

As discussões sobre currículo acontecem, necessariamente, sobre o terreno das reflexões que já fizemos a respeito da função social da escola. Isso porque, ao partirmos da perspectiva de que a escola é, essencialmente, um ambiente de apresentação do mundo para as novas gerações, é preciso que nos perguntemos: qual mundo é esse que será apresentado?

Não há dúvidas de que esse mundo que mostramos aos estudantes em sua trajetória escolar não é um mundo individual, que nasce unicamente das nossas experiências e histórias pessoais. Ao contrário, o mundo que apresentamos aos estudantes é coletivo, já que é a síntese da experiência histórica da humanidade. No entanto, não é possível (nem desejável) apresentar cada detalhe, cada história, cada experiência, cada técnica, mesmo que sejam produtos das relações sociais coletivas. Assim, se faz necessário um recorte, uma seleção daquilo que nós, enquanto humanidade, queremos deixar para a posteridade.

Essa escolha de conteúdos não pode, por sua vez, ficar a cargo de cada educador. Se assim fosse, cada um elegeria um formato, e a formação de cada estudante variaria enormemente e dependeria de um trajeto muito específico de suas relações escolares.

Dessa maneira, impõe-se a necessidade de uma base comum, uma seleção da herança coletiva, à qual todos temos direito. A Educação Inclusiva não permite que se negue a alguns o direito a essa herança, ou seja, assegura que todos signifique todos. O documento que organiza e determina essa seleção mínima de aprendizagens a serem abordadas no decorrer do percurso escolar, no Brasil, é a Base Nacional Comum Curricular (BNCC).

> A Base Nacional Comum Curricular (BNCC) é um documento de caráter normativo que define o conjunto orgânico e progressivo de aprendizagens essenciais que todos os alunos devem desenvolver ao longo das etapas e modalidades da Educação Básica, de modo a que tenham assegurados seus direitos de aprendizagem e desenvolvimento,

em conformidade com o que preceitua o Plano Nacional de Educação (PNE). Este documento normativo aplica-se exclusivamente à educação escolar, tal como a define o § 1o do Artigo 1o da Lei de Diretrizes e Bases da Educação Nacional (LDB, Lei no 9.394/1996), e está orientado pelos princípios éticos, políticos e estéticos que visam à formação humana integral e à construção de uma sociedade justa, democrática e inclusiva, como fundamentado nas Diretrizes Curriculares Nacionais da Educação Básica (DCN).

O trecho destacado relembra que a Lei de Diretrizes e Bases da Educação Nacional (LDBEN), em 1996, já anunciava a necessidade de uma Base Nacional Comum Curricular[4], que o documento segue as orientações do Plano Nacional de Educação (PNE) e é fundamentado pelas Diretrizes Nacionais da Educação Básica (DCN), com quem tem uma relação complementar.

Nesse sentido, como expresso no próprio documento, a BNCC, orientada por princípios que visam à formação integral e à construção de uma sociedade justa, democrática e inclusiva, tem caráter normativo. Ela regulamenta, definindo com força de norma, um conjunto amplo de aprendizagens consideradas essenciais, organizadas e relacionadas de maneira progressiva e cumulativa ao longo das etapas e modalidades da Educação Básica.

---

4   É importante destacar que a Base Nacional Comum Curricular é a síntese de uma política de Estado, e não de governo. Por isso, não está vinculada às ações de uma ou outra gestão, mas está acima disso.

As aprendizagens determinadas por ela, portanto, estabelecem o mínimo comum necessário, o básico, que deve ser desenvolvido por *todos* os alunos em território nacional. É a parte mínima que nos cabe apresentar às novas gerações brasileiras diante da responsabilidade compartilhada pelo desenvolvimento histórico e científico futuro do mundo.

A BNCC, no entanto, não é o currículo da escola. Ela faz a compilação mínima das habilidades que devem ser trabalhadas, organizando *o que* deve ser ensinado e aprendido. O currículo, por sua vez, tem como papel determinar *como* as aprendizagens comuns serão desenvolvidas incluindo as estratégias metodológicas, de acordo com os princípios e identidades das redes de ensino e de cada escola. Os currículos podem e devem ser mais amplos do que a Base, contemplando outros *o que* a serem apresentados, como conteúdos específicos relacionados a contextos e culturas locais, possibilitando que toda a comunidade se reconheça neles, sem renunciar ao comum. A função da Base, desse modo, é orientar a construção dos currículos escolares.

Assim, a BNCC determina as aprendizagens mínimas a que os estudantes brasileiros devem ter acesso. Ao fazer isso, ela propõe um objetivo, uma expectativa. Já os currículos traçam os possíveis caminhos a serem construídos para alcançar essas intenções. A elaboração desses caminhos e possibilidades se situa em um âmbito mais particular, pois depende de aspectos inerentes aos diferentes contextos e à análise mais atualizada da conjuntura. É função do currículo dar organicidade e forma aos conteúdos, reconhecendo e considerando o contexto histórico e social de cada localidade.

Aprovada a BNCC no âmbito federal, os estados e municípios iniciaram discussões de (re)elaboração dos seus currículos, na perspectiva de englobar tanto as exigências da BNCC quanto as contextualizações regionais. Entretanto, a responsável pela produção do currículo final, aquele que vai chegar até o estudante, é a escola. Assim, o que foi desenvolvido pelas redes de ensino estaduais e municipais funciona como referência, como ponto de partida, que pode e deve ser incrementado.

A concepção acabada desse ***como*** só pode nascer da escola, já que só ela sabe das suas particularidades e é em seu cotidiano que se estabelecem as relações entre todos que a fazem – educadores e estudantes.

Percebem a relação intrínseca entre currículo e Projeto Político-Pedagógico? Como vimos, é a elaboração de um PPP consistente, guardião daquilo que é mais específico, e, portanto, mais característico de uma comunidade escolar, que dá sustentação à sua organização. O PPP manifesta a identidade que confere a ele personalidade. Assim, a partir das definições de objetivos institucionais e de qual estudante queremos formar, o Projeto Político-Pedagógico permite um posicionamento coerente de ***como*** vamos fazer isso, dando materialidade ao currículo. Na prática, o próprio documento já deve explicitar os conteúdos a serem trabalhados, passando pela metodologia geral que será exercida e também pelas diretrizes de avaliação.

Uma vez que o currículo é responsável por ***como*** os estudantes na escola terão acesso às aprendizagens, é preciso chamar atenção para o fato de que o próprio currículo pode se constituir enquanto barreira. Se ele não for acessível, se ele considerar um corpo de alunos padronizado e homogêneo, com as mesmas inteligências e habilidades, ele certamente será fonte de exclusão. Isso vale para as crianças com e sem deficiência, público-alvo ou não da Educação Especial. Ao construir nosso PPP e estabelecer nosso currículo, a parte que nos cabe como educadores que estão na escola é organizar esses documentos considerando, de partida, quem são nossos companheiros nessa viagem escolar pela história da humanidade.

Daí decorre a inadiável necessidade de elaborar um currículo inclusivo, sem deixar ninguém de fora. O pressuposto é o de que todos seres humanos aprendem. O que muda é o *como* se aprende, e, portanto, o *como* se ensina. Se a BNCC determina quais são os direitos de aprendizagem, ela estabelece como meta que todos os estudantes têm direito de acessarem o currículo, para não serem destituídos de seu direito à Educação. A escola não pode se contentar com um cenário no qual algumas de suas crianças têm total acesso ao recorte de herança comum a que têm direito, e outras não. Recordando a Declaração de Incheon, já mencionada:

> Nenhuma meta de educação deverá ser considerada cumprida a menos que tenha sido atingida por todos. Portanto, comprometemo-nos a fazer mudanças necessárias nas políticas de educação e a concentrar nossos esforços nos mais desfavorecidos, especialmente aqueles com deficiências, a fim de assegurar que ninguém seja deixado para trás.

Assim, o currículo deve ser dinâmico e contemplar uma variedade de métodos de ensino que visem o acesso generalizado ao conhecimento. Para sua elaboração, a Base Nacional Comum Curricular nos dá alguns nortes. No decorrer do percurso, ela aponta e elege competências gerais e específicas. As específicas são ligadas às áreas do conhecimento, aos componentes curriculares e às unidades temáticas, e surgem após a etapa da Educação Infantil. É importante dizer, inclusive, que as estruturas da Educação Infantil, Ensino Fundamental e Ensino Médio são diferentes, adequadas aos desafios específicos de cada uma delas. As competências gerais, entretanto, são transversais à toda a BNCC, e se expressam em suas competências específicas. Como elas atravessam a Base integralmente, devem ser trabalhadas ao longo de todo o percurso formativo de cada estudante. Não é à toa que as 10 competências gerais trazem em si alguns pressupostos de diversidade. São elas:

1

Valorizar e utilizar os conhecimentos historicamente construídos sobre o mundo físico, social, cultural e digital para entender e explicar a realidade, continuar aprendendo e colaborar para a construção de uma sociedade justa, democrática e inclusiva.

2

Exercitar a curiosidade intelectual e recorrer à abordagem própria das ciências, incluindo a investigação, a reflexão, a análise crítica, a imaginação e a criatividade, para investigar causas, elaborar e testar hipóteses, formular e resolver problemas e criar soluções (inclusive tecnológicas) com base nos conhecimentos das diferentes áreas.

3

Valorizar e fruir as diversas manifestações artísticas e culturais, das locais às mundiais, e também participar de práticas diversificadas da produção artístico-cultural.

4

Utilizar diferentes linguagens – verbal (oral ou visual-motora, como Libras, e escrita), corporal, visual, sonora e digital –, bem como conhecimentos das linguagens artística, matemática e científica, para se expressar e partilhar informações, experiências, ideias e sentimentos em diferentes contextos e produzir sentidos que levem ao entendimento mútuo.

5

Compreender, utilizar e criar tecnologias digitais de informação e comunicação de forma crítica, significativa, reflexiva e ética nas diversas práticas sociais (incluindo as escolares) para se comunicar, acessar e disseminar informações, produzir conhecimentos, resolver problemas e exercer protagonismo e autoria na vida pessoal e coletiva.

6

Valorizar a diversidade de saberes e vivências culturais e apropriar-se de conhecimentos e experiências que lhe possibilitem entender as relações próprias do mundo do trabalho e fazer escolhas alinhadas ao exercício da cidadania e ao seu projeto de vida, com liberdade, autonomia, consciência crítica e responsabilidade.

7

Argumentar com base em fatos, dados e informações confiáveis, para formular, negociar e defender ideias, pontos de vista e decisões comuns que respeitem e promovam os direitos humanos, a consciência socioambiental e o consumo responsável em âmbito local, regional e global, com posicionamento ético em relação ao cuidado de si mesmo, dos outros e do planeta.

8

Conhecer-se, apreciar-se e cuidar de sua saúde física e emocional, compreendendo-se na diversidade humana e reconhecendo suas emoções e as dos outros, com autocrítica e capacidade para lidar com elas.

9

Exercitar a empatia, o diálogo, a resolução de conflitos e a cooperação, fazendo-se respeitar e promovendo o respeito ao outro e aos direitos humanos, com acolhimento e valorização da diversidade de indivíduos e de grupos sociais, seus saberes, identidades, culturas e potencialidades, sem preconceitos de qualquer natureza.

10

Agir pessoal e coletivamente com autonomia, responsabilidade, flexibilidade, resiliência e determinação, tomando decisões com base em princípios éticos, democráticos, inclusivos, sustentáveis e solidários.

Essas competências gerais não são dadas ou naturais e, justamente por isso, devem ser trabalhadas na escola, por meio dos conteúdos, ao longo de todo o currículo. Elas se referem à ideia de que a escola deve estar atenta para os três objetivos gerais da educação que estão estabelecidas em nossa Constituição Federal: o pleno desenvolvimento da pessoa; o preparo da pessoa para o exercício da cidadania; a qualificação da pessoa para o trabalho. A formação dos novos habitantes do mundo tem a ver com o direito à diversidade!

Relatório Global de Monitoramento da Educação

Recomendação 9

Coletar dados para uma inclusão com atenção e
respeito: evitar rótulos que estigmatizam.

Dessa maneira, ao estar em consonância com a BNCC, um currículo tem, necessariamente, a diversidade enquanto paradigma. É nesse sentido que a Base Nacional Comum Curricular pode funcionar como indutora de um currículo cujos percursos formativos tenham como seu pressuposto o acesso e participação de todos. Na diferenciação de estratégias, equivalem-se oportunidades, e torna-se possível perseguir expectativas de aprendizagem para todos e para cada um dos estudantes, pois ninguém é café-com-leite e ninguém sabe o que é ser estudante *a priori*!

4.5   O papel da gestão escolar em uma escola para todos

> **Relatório Global de Monitoramento da Educação**
>
> ### Recomendação 3
> Compartilhar conhecimentos e recursos: esta é a única
> maneira de sustentar uma transição para a inclusão.
> Atingir a inclusão é um desafio de gestão.

Pelas características já apresentadas, o cotidiano da escola não se reduz à somatória simples dos trabalhos executados individualmente por seus profissionais. Ao contrário, o processo educacional pressupõe a interlocução constante entre as diversas ações e movimentações realizadas. Consequentemente, o diálogo entre as pessoas que atuam na escola se faz imprescindível para estabelecermos o Projeto Político-Pedagógico e o currículo escolar, instrumentos estruturantes para o cumprimento de nossa função social.

É justamente no desenvolvimento dos diálogos e das práticas que emerge a importante função de uma gestão escolar comprometida com os princípios da Educação Inclusiva na organização geral da escola. Efetivar uma educação real e rigorosamente para todos exige que seus pressupostos sejam repercutidos e reverberados para as equipes que compõem a instituição escolar. Ser da gestão é, no limite, assumir o papel de liderança dessas equipes, o que não significa, entretanto, ser o único a se responsabilizar ou impor suas vontades e desejos. Muitas vezes, isso se consegue, justamente, fazendo o oposto: descentralizando cotidianamente o trabalho escolar e favorecendo o surgimento de novos líderes que emergem das relações escolares. O gestor, antes de tudo, é um porta-voz que organiza e comunica, um mediador entre as personagens escolares que azeita as relações e promove encontros e diálogos, garantindo, assim, o funcionamento diário da instituição a partir do que foi estabelecido no Projeto Político-Pedagógico e no seu currículo.

O desenvolvimento de ações articuladas entre os professores para além de algo pontual, dado que o projeto é coletivo, acontece quando a gestão age como facilitadora. Pelo fato de o ensino ser organicamente interdisciplinar, posto que os diferentes saberes coocorrem para uma aprendizagem significativa, a integração genuína entre os diferentes atores do processo educacional é precisamente sua força motriz.

Dessa maneira, as virtudes de uma boa gestão costumam aparecer nos resultados do trabalho conjunto da equipe e não diretamente na figura de seus representantes. O diretor e os coordenadores pedagógicos como parte da equipe escolar, mais do que estabelecerem regras que normatizam o trabalho educacional, devem direcionar seus esforços para que o trabalho transcorra de maneira articulada. Uma escola onde os membros conhecem bem suas funções e as desempenham de maneira colaborativa em direção a objetivos comuns, buscando eliminar barreiras e cultivando o sentimento de pertença entre e para todos, fica mais factível se amparada em uma gestão engajada e que mobiliza a participação. A transformação de um grupo de profissionais em uma equipe coesa e coerente, propiciando um ambiente de parceria e generosidade, ao mesmo tempo que é um processo, é também catalizadora para a realização de todos os objetivos traçados.

Assim, é papel da gestão garantir espaços de planejamento conjunto. Não pontualmente, não como algo ocasional, mas enquanto prática institucional. O encontro deve estar impresso nas expectativas, no hábito, e transbordar nas ações. Uma cultura de equipe é aquela que valoriza a diversidade de opiniões, de visões, de experiências. Mais do que isso, é aquela que interpreta conflitos e divergências não enquanto disfunções, mas enquanto potências. Essa forma de organizar o ambiente escolar potencializa um ambiente de respeito entre as pessoas que fazem a instituição cotidianamente, base do conceito de uma educação que não deixa ninguém para trás – nem estudantes, nem profissionais. Acolher os posicionamentos diversos, abrindo espaço para contribuições individuais e coletivas, possibilita encontrar caminhos e produzir sínteses que façam sentido à comunidade escolar como um todo.

Posta em prática, a visão compartilhada se torna constitutiva do conjunto de valores da instituição. Os objetivos não são feitos somente nos momentos grandiosos, são conquistados no dia a dia, na realização cotidiana das nossas tarefas orientadas pelo que está estabelecido no Projeto Político-Pedagógico e no currículo. A cultura inclusiva é justamente esse conjunto de valores e atitudes que se configuram, ao mesmo tempo, como nosso princípio e nossa finalidade e que nos movimentam para quebrar as barreiras de atitude, de informação, de comunicação. E cultura não é algo que se constrói em um dia, não é mesmo?

Desta forma, um gestor que trabalha pela educação inclusiva deve também saber priorizar espaços de formação em serviço. Uma equipe bem informada, atualizada, está mais apta e ávida a prestar atenção aos materiais que tem à disposição, às políticas públicas, às discussões teóricas e práticas mais recentes sobre educação, e a saber utilizar esses recursos em benefício da escola e da comunidade.

No que se refere ao trabalho didático-pedagógico especificamente, a contribuição mais efetiva da equipe de gestão não mora necessariamente no maior domínio desse conhecimento de sua parte, e sim no importante "olhar estrangeiro" a que o professor pode recorrer ao elaborar suas reflexões, sequências didáticas, seus materiais de apoio e demais atividades. Assim, o gestor pode complementar as análises e o trabalho do professor. Ao mesmo tempo, essa distância relativa do trabalho da sala de aula possibilita à própria gestão avaliar temas relevantes para compor as reuniões de equipe, formações e encontros.

Na relação da gestão com os estudantes, é fundamental construir vínculos e diálogos para a resolução de conflitos, trazendo para a cena uma perspectiva institucional e social das regras. Ela extrapola os muros da escola, na medida em que reconhece a importância da família e de sua história na formação dos alunos. A lida com a família, então, é indispensável para o estabelecimento de uma relação de parceria e suporte, uma vez os objetivos educacionais são convergentes. Dessa forma, a construção ou o fortalecimento de uma relação de confiança com a escola enquanto especialista em educação e defensora do seu Projeto Político-Pedagógico e do seu currículo passa pela comunicação do trabalho desenvolvido, de seus pressupostos e métodos.

Inclusão e Educação: Todos, sem exceção

Ao romper, simbólica ou concretamente, os muros da escola, a gestão transforma a experiência escolar para quem está no seu interior, impactando todo seu entorno. Nesse caso, a escola ganha o potencial de ser um foco de transformação, pois não se limita à participação dos professores, funcionários, familiares e estudantes na realização do seu trabalho. Ao ser chamada a se envolver, não somente em festas e eventos específicos, como também nos desafios e esforços, a comunidade tem função ativa no cotidiano da instituição. O apoio de líderes comunitários, o diálogo com associações de bairro, saber dar vazão às histórias e experiências das pessoas do entorno são ações que, para além de poderem transformar a experiência escolar como um todo, ajudam a ressignificar o papel da escola.

Relatório Global de Monitoramento da Educação

Recomendação 6

Criar espaço para que atores não governamentais questionem e preencham lacunas: é preciso certificar-se também de que eles trabalham em busca do mesmo objetivo de inclusão.

Esse *modus operandi* encontra respaldo na Lei de Diretrizes e Bases da Educação Nacional (LDBEN), no Plano Nacional de Educação (PNE) e na própria Constituição de 1988. Novamente, a gestão participativa não deve ser posta em prática apenas porque está na lei. A lógica é inversa: ela está na lei por sua importância e relevância, na medida em que possibilita os vínculos da escola com a comunidade em que está inserida, convidando-a para ser corresponsável pela educação. Nesse sentido, a comunidade escolar pode e deve participar não só de questões menores ou acessórias, mas dos diversos âmbitos da vida escolar.

Estamos em um momento de transição, em direção a uma escola verdadeira e rigorosamente inclusiva. O contexto que nos cerca é o de atravessar profundas modificações, que deverão e serão implementadas na escola e na ideia de educação como um todo nos próximos anos. A função do gestor é estar preparado para conduzir as transformações, em vez de ser conduzido por elas. A perspectiva inclusiva na educação não deve pegar ninguém desprevenido, dado que é fruto do próprio movimento social de aprimoramento da leitura dos Direitos Humanos. Esse objetivo grandioso só pode ser atingido se tiver quem o defenda e quem se responsabilize pela sua implementação de maneira global e coesa no cotidiano da escola: a gestão escolar. O norte para isso é a construção de um Projeto Político-Pedagógico e de um currículo embebido dos princípios e pressupostos da Educação Inclusiva, colocando como parte da identidade institucional a valorização da diversidade das pessoas que compõem a comunidade escolar.

5   Uma sala de aula que não deixa ninguém de fora

> **Relatório Global de Monitoramento da Educação**
>
> ## Recomendação 1
> Ampliar a compreensão sobre a educação inclusiva:
> incluir todos os estudantes, independentemente de sua
> identidade, seu histórico ou suas habilidades.

Dado que o sentido essencial da escola é a apresentação do mundo às novas gerações, nada mais acertado e coerente que o processo de aprendizagem se dê coletivamente. A própria humanidade é coletiva, e só foi capaz de evoluir na direção que evoluiu por desenvolver habilidades comunitárias e estratégias sociais.

Nesse sentido, a sala de aula enquanto um espaço coletivo e colaborativo já inicia, na sua própria configuração e organização, a apresentação desse mundo e de seus pressupostos. Em consonância com sua função social, a escola promove agrupamentos de pessoas, educadores e educandos, que são, por definição, diferentes. Assim como a equipe de trabalhadores da escola reflete a pluralidade humana, promovendo um espaço de encontro de múltiplas inteligências, a sala de aula, ao ser compreendida como metonímia da escola e da sociedade, por sua relação de representação, deve ser composta considerando a diversidade. Nas palavras da pedagoga brasileira Madalena Freire:

> "um grupo se constrói no espaço heterogêneo das diferenças entre cada participante: da timidez de um, do afobamento do outro; da serenidade de um, da explosão do outro; do pânico velado de um, da sensatez do outro; da seriedade desconfiada de um, da ousadia do risco do outro; da mudez de um, da tagarelice de outro; do riso fechado de um, da gargalhada debochada do outro; dos olhos miúdos de um, dos olhos esbugalhados do outro; de lividez do rosto de um, do encarnado do rosto do outro. Um grupo se constrói enfrentando o medo que o diferente, o novo provoca, educando o risco de ousar. Um grupo se constrói não na água estagnada do abafamento das explosões, dos conflitos, no medo em causar rupturas. Um grupo se constrói, construindo o vínculo com a autoridade e entre iguais. Um grupo se constrói na cumplicidade do riso, da raiva, do choro, do medo, do ódio, da felicidade e do prazer. A vida de um grupo tem vários sabores..."

Nesse sentido, um agrupamento de pessoas se torna um grupo de fato no terreno das diferenças, das dessemelhanças. Da mesma maneira que a receita de um prato não é a soma simples de seus ingredientes, e sim a mistura planejada e intencional de uma variedade de alimentos e temperos, um grupo se constrói na heterogeneidade, na combinação refletida de vários sabores.

Na escola, a sala de aula é o espaço de convergência de diversas pessoas que caminham individual e coletivamente. Ao mesmo tempo que as inteligências e habilidades são trabalhadas e que cada um traça e percorre seu próprio caminho, o grupo também constrói sua narrativa coletiva. É na coletividade que essas aprendizagens se efetivam, já que é no reconhecimento da alteridade que é possível reafirmar a singularidade.

Relatório Global de Monitoramento da Educação

Recomendação 10

Aprender com os colegas: a transição para a inclusão
não é fácil. A inclusão representa o afastamento da
Discriminação e do preconceito, em direção a um futuro
que pode ser adaptado a vários contextos e realidades.

É no espaço público e comunitário do encontro que as diferenças se tornam potências e que a coexistência de múltiplas inteligências é desejável e necessária, estabelecendo um ambiente de aprendizagem colaborativa. Quando falamos em múltiplas inteligências, estamos tratando aqui do conceito elaborado pelo psicólogo americano Howard Gardner e sua equipe nos anos 1980. Para ele, a inteligência humana tem diversas facetas, que podem ser organizadas em 8 categorias: espacial, naturalista, musical, lógico-matemática, interpessoal, linguística, corporal-cinestésica e intrapessoal, cada uma com seu sistema simbólico e seus métodos próprios. Assim, Gardner contestou a visão tradicional de inteligência enquanto uma capacidade única e monolítica, e, portanto, mensurável por testes psicométricos. Lembram de quando falamos sobre esse assunto no início do livro?

Dispostas assim, as inteligências não podem ser hierarquizadas, nem tampouco consideradas de maneira estanque, já que dialogam entre si. Não é possível estabelecer que uma ou outra inteligência seja mais ou menos valorizada, mais ou menos importante. As pessoas nascem com todas essas formas de inteligência em potencial e, no decorrer de seu desenvolvimento e a partir das experiências vividas, vão concretizando-as.

Tal mudança de compreensão produziu, inevitavelmente, uma transformação nas práticas docentes e escolares. Assim, a escola passou a ter um papel fundamental na promoção de vivências e experiências que colaborem no desenvolvimento dessas possibilidades e que compreendam os estudantes dentro de uma gama de perfis. Não está mais em discussão se esta ou aquela criança, adolescente ou jovem tem direito de acesso à escola, condicionando a escolarização ao resultado de testes para aferir quem está apto ou não a frequentá-la. Hoje, assegurar acesso, permanência e qualidade educacional tem relação direta com a reorganização dos espaços escolares, no sentido de valorizar a diversidade, considerando inclusive as múltiplas formas de aprender.

Vamos pensar em uma atividade em que a professora lê uma história e pede para que a turma registre a narrativa. Se a expectativa de aprendizagem dessa proposta estiver relacionada ao conteúdo da história e não ao seu formato ou gênero textual, não é preciso restringir ou limitar as possibilidades de registro, certo? Permitir outras formas de comunicação para além do texto, como desenhos, colagens, esquemas, áudios e vídeos, abre a experiência de toda a turma e da professora para os múltiplos perfis e inteligências presentes no grupo, além de produzir uma bela coleção de trabalhos com as mais diferentes linguagens. Uma proposta como essa não apenas admite a diferença, mas a valoriza.

Não podemos perder de vista que o mundo será entregue nas mãos das novas gerações que, hoje, estão na escola. Então, a construção de uma sociedade diversa, com características complementares, para além de inevitável, é desejada. Usando as palavras do próprio Gardner, "podemos ignorar as diferenças e supor que todas as nossas mentes são iguais. Ou podemos aproveitar essas diferenças".

A edificação de uma sociedade mais justa e inclusiva requer e demanda de nós soluções complexas e criativas, pois é a partir de métodos, pontos de vista, reflexões, concepções e inteligências diversificadas que ampliamos nosso repertório para encarar e decifrar situações desafiadoras. Tudo isso organizado intencionalmente e registrado em nossos documentos coletivos – o Projeto Político-Pedagógico e o currículo – e posto em diálogo em nossas formações em serviço. E ganhando concretude na sala de aula!

5.1 O trabalho do professor e o ofício de ensinar tudo a todos

O trabalho na sala de aula, por tudo que falamos até aqui, é intencional. Sua característica não espontaneísta permitiu que os conteúdos relacionados à organização e pesquisa dos meios e modos para o necessário e indispensável acesso às aprendizagens apresentadas na escola e seu cumprimento configurassem um campo: a didática. Ao se debruçar sobre as formas mais efetivas de ensinar, essa área, que é um ramo da pedagogia, compreende os processos de aprendizagem enquanto fundamento central de seus estudos.

Já no século 17, o pensador tcheco Iohannes Amos Comenius defendia a necessidade de ensinar todas as coisas a todas as pessoas, e que a didática seria a área do conhecimento responsável por produzir estudos e reflexões que permitiriam a realização dessa ambição. Por isso, seu livro Didática Magna, publicado em 1649, também é conhecido por Tratado da Arte Universal de Ensinar Tudo a Todos.

Se a didática reúne técnicas, métodos e conhecimentos que permitem a resolução de questões, o desempenho de práticas e a concretização de objetivos, não é algo improvisado ou espontâneo, e sim circunstanciado e fundamentado. O trabalho que acontece na sala de aula, portanto, não se inicia ali, quando estamos diante da turma. Começa no planejamento, na definição antecipada daquilo que deve ser posto em prática, considerando-se o Projeto Político-Pedagógico, o currículo e a turma. Nessa compreensão, o planejamento do trabalho não pode ser entendido enquanto etapa que precede o ensino, mas como parte intrínseca, constituinte dele. Hoje, a elaboração de caminhos e sequências didáticas, a seleção de métodos, técnicas, estratégias de apresentação de conteúdos, de produção e escolha de materiais, de organização do espaço e do tempo e as formas de avaliação do trabalho e daquilo que foi aprendido devem ser pensados à luz dos pressupostos da Educação

Inclusiva. Faz parte do ofício de ensinar a elaboração do planejamento de um trabalho didático-pedagógico acessível a todos os integrantes da sala de aula. Sem exceção!

Foi com esse pensamento que nasceu o Desenho Universal para Aprendizagem. A primeira ideia de Desenho Universal não se originou na Educação. Ela foi emprestada do conceito criado no campo da arquitetura, do urbanismo e do *design*. O Desenho Universal procura responder preocupações de ordem prática e estética, que podem ser traduzidas em uma pergunta: como projetar/construir ambientes e objetos utilizáveis pelo maior número possível de pessoas sem que seja necessário fazer modificações depois que eles estejam prontos? A ideia principal era evitar o incômodo de se fazerem alterações arquitetônicas para fins de acessibilidade, como por exemplo construir uma rampa de acesso, em ambientes depois de terminados. Ao longo do tempo, foi sendo comprovado que esse tipo de procedimento, ainda bastante utilizado, torna os arranjos posteriores mais trabalhosos e mais custosos financeiramente do que se fossem incorporados desde o desenho inicial do projeto. E, como os elementos improvisados não eram inicialmente pensados para estarem ali, os arquitetos avaliavam que os ambientes acabavam por ficar esteticamente piores. Essa somatória de fatores – mais caro, mais trabalhoso e esteticamente piores – foi contraposta na prática.

Se, no início, as mudanças para tornar um projeto ou uma construção mais acessíveis foram compreendidas como contratempo oneroso causado pela reivindicação daqueles cuja participação era impedida pela edificação, seu uso cotidiano demonstrou que esses ajustes acabavam por assistir a um público mais amplo e mais diverso. Voltando ao exemplo da rampa de acesso, sua utilização usualmente extrapola o público para o qual ela foi construída inicialmente. Ou seja, as rampas podem ter sido propostas para garantir a acessibilidade física a pessoas que utilizam cadeiras de rodas, porém, elas facilitam também o acesso de famílias com carrinhos de bebê, ciclistas, pessoas idosas etc. E, assim, nasce a ideia[5] de utilizar, desde o projeto, desde a concepção, um desenho de ambiente/prédio/transporte que pode ser acessado pelo máximo de pessoas pelo maior tempo possível, um Desenho Universal. Lembra que já falamos sobre esse assunto quando apresentamos a Convenção sobre os Direitos das Pessoas com Deficiência?

Em seu artigo 2º, a Convenção sobre os Direitos das Pessoas com Deficiência estabelece a definição de Desenho Universal como a concepção de produtos, ambientes, meios de comunicação, programas, tecnologias e serviços para serem usados de forma autônoma e segura por todas as pessoas, sem necessidade de adaptação ou projeto específico. Ou seja, hoje, o Desenho Universal é percebido como uma ferramenta para promoção de acessibilidade plena. Dentro da perspectiva social, que coloca em relação todos os conceitos, a ampliação da percepção de barreiras impulsionou a ampliação do entendimento das condições de acessibilidade. Atualmente percebemos e nomeamos barreiras arquitetônicas, comunicacionais, metodológicas, instrumentais, programáticas, tecnológicas, informacionais, linguísticas, pedagógicas e, a principal, as barreiras atitudinais.

---

5   O Desenho Universal se desenvolve em um movimento dentro da arquitetura, sendo um dos líderes Ron Mace.

Percebem que a noção de acessibilidade, central na luta das pessoas com deficiência por equiparação de oportunidades em todas as esferas da vida, aproxima toda a sociedade em torno de ambientes acessíveis?

Eles são, por definição, bons para todos, pois oferecem mais qualidade de vida, segurança e permitem a convivência e a interação entre diferentes condições físicas, intelectuais, sensoriais e mentais. Como cada um de nós tem o direito de acesso a bens e serviços, investe-se na melhoria das condições do ambiente para diminuir a desvantagem desta ou daquela pessoa, ainda que esses fatores, por vezes, não constituam barreiras para os que não têm deficiência.

Assim, a acessibilidade como chave para um mundo onde ninguém fique de fora desloca a questão do "ou" para o "e", dado que seus desafios só podem ser compreendidos considerando todas e cada uma das pessoas. Ou seja, o processo para melhorar nossos indicadores de acessibilidade passa pela inclusão e pela equidade na e por meio da participação.

A Educação se inspira nesse conceito da Arquitetura e procura extrapolar a lógica do Desenho Universal para além do planejamento de espaços físicos, e aplicá-la em processos didático-pedagógicos. Passamos a buscar um Desenho Universal para Aprendizagem[6] (DUA).

Relatório Global de Monitoramento da Educação

Recomendação 7

Aplicar o desenho universal: garantir que sistemas inclusivos atendam ao potencial de todos os estudantes.

O DUA, fortemente ancorado em pesquisas neurológicas a respeito das redes cerebrais que envolvem a aprendizagem, cria um modelo prático que tem como objetivo ampliar as oportunidades de acesso ao conteúdo e de desenvolvimento de cada estudante por meio de um planejamento pedagógico dinâmico e permanente.

Então, tal qual o conceito de Desenho Universal, o DUA estabelece a acessibilidade como pressuposto e não enquanto possibilidade de ajuste posterior. Nesse sentido, essa proposta tem como premissa a eliminação de barreiras que se erguem nas atividades relacionadas ao ensino. O livro didático, a lousa, a fala, por exemplo, nem sempre são acessíveis para todos os estudantes. Isso é particularmente evidente para pessoas com impedimentos sensoriais, como surdos ou cegos. Porém, é fato que outras pessoas com características não relacionadas a impedimentos também podem ter dificuldade de utilizar esses mesmos recursos.

---

6   São considerados autores seminais do movimento os pesquisadores Anne Meyer e David Rose.

Assim, o Desenho Universal para Aprendizagem propõe uma diversificação no formato dos materiais didáticos utilizados, na escolha de estratégias pedagógicas, no formato dos instrumentos de avaliação e, de forma geral, nas relações que se estabelecem entre o currículo e a vida do estudante, como forma de maximizar e universalizar o acesso ao conteúdo desde seu planejamento.

No entanto, todas essas questões não são improvisadas. A partir de pesquisas e investigações interdisciplinares sobre como se aprende, foi possível mapear três diferentes redes cerebrais que atuam no processo de aprendizagem: as redes de reconhecimento, relacionadas à nossa capacidade de reunir e categorizar informações; as redes estratégicas, relacionadas à nossa capacidade de organizar e expressar ideias; e as redes afetivas, relacionadas à nossa capacidade de dar sentido e criar vínculos com o conhecimento, ligando a experiência de aprendizagem a um fundo emocional e determinando nosso envolvimento e motivação.

Redes de reconhecimento:
capacidade de reunir e categorizar informações

Redes estratégicas:
capacidade de organizar e expressar ideias

Redes afetivas:
capacidade de dar sentido e criar vínculos com o conhecimento, ligando a experiência de aprendizagem a um fundo emocional e determinando nosso envolvimento e motivação

Da identificação e do reconhecimento dessas redes, conceberam-se os princípios do Desenho Universal para Aprendizagem, relativos, respectivamente, a cada uma delas: oferecer múltiplas formas de apresentação do conteúdo, oferecer múltiplas formas de expressão do conteúdo e oferecer múltiplas opções de envolvimento com o conteúdo.

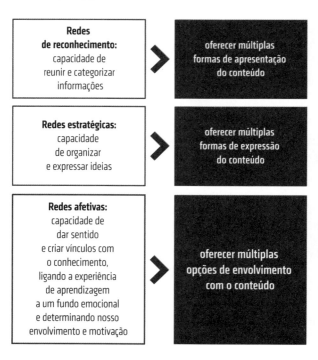

Nesse sentido, uma estratégia pedagógica que contemple esses diferentes processos do aprender amplia substancialmente o universo de estudantes que são capazes de acessá-la, tornando-se, assim, inclusiva.

Amplia também nossa capacidade enquanto educadores para exercermos nossa função social de maneira cada vez mais plena. Ou seja, todo mundo ganha!

É evidente, no entanto, que o funcionamento do cérebro humano não acontecede maneira tão elementar e fragmentada. Não é possível, por exemplo, eleger uma dessas redes e trabalhá-la isoladamente, assim como vimos quando abordamos as múltiplas inteligências. Esse modelo nos proporciona uma simplificação que provoca reflexões: será que, em nossa prática cotidiana, as diferentes maneiras de ensinar respondem à multiplicidade de maneiras de aprender que estão presentes na turma?

Ao transformar a ampliação das formas de ensinar em estratégias, o Desenho Universal para Aprendizagem dá expressão prática às constatações das pesquisas do campo da neurociência, que, há muito, já eram evidenciadas na escola: o estudante padrão não existe, cada pessoa é diferente, ninguém aprende exatamente da mesma maneira. Essa é uma ideia-chave da perspectiva da inclusão. A proposta do DUA, portanto, dialoga com a tendência de romper com os modelos conservadores e tradicionais do ensino, nos quais o conteúdo é apresentado de forma homogênea e enlatada, e converge com a teoria das Múltiplas Inteligências, estabelecendo-se no campo ético-político da valorização da diversidade. Tanto essa teoria como o DUA nos instigam a romper de vez com a ideia de aluno ideal, base do paradigma da integração. Nos libertar da concepção de que todos os estudantes aprendem da mesma forma, ao mesmo tempo e no mesmo ritmo nos provoca a investir na ampliação de nosso próprio repertório. Se encarado como modelo, o Desenho Universal para a Aprendizagem é sempre inacabado e incompleto, porque a realidade é sempre mais rica e mais complexa do que os padrões que estabelecemos sobre ela. Entretanto, se reconhecido enquanto um pressuposto, ele pode ser um aliado na elaboração de estratégias didático-pedagógicas inclusivas e de planejamentos que potencializam o desenvolvimento das múltiplas inteligências. Por não privilegiar uma determinada forma de aprender, possibilita o acesso de todos ao conhecimento.

Como vimos, o planejamento do trabalho didático acontece no encontro dos saberes existentes na sala de aula – constituídos dos conhecimentos individuais e do grupo, advindos de suas vivências e experiências pessoais e escolares – com aqueles conhecimentos que são julgados fundamentais para a apresentação do mundo e a construção do ser e o estar nele – recortados pelo currículo escolar.

A Base Nacional Comum Curricular circunscreve os direitos mínimos àquelas aprendizagens que devem ser apresentadas a todos e a cada um. Já o currículo amplia esses conteúdos levando em conta contextos locais e é responsável por, de acordo com a identidade da instituição e seu Projeto Político-Pedagógico, determinar as formas de ensinar. O planejamento didático, por sua vez, dá vida ao conteúdo curricular, colocando em ação o *como* ensinar de maneira vinculada às trajetórias coletivas e individuais de cada turma.

Para tanto, o planejamento didático leva em conta os conhecimentos, escolares ou não, que os estudantes já detêm, e aqueles que devem ser conquistados. Essa ideia é fundamental: partir de expectativas de aprendizagem possíveis e desafiadoras para todos, tendo como base os saberes já conquistados pelos estudantes daquele grupo específico.

As expectativas de aprendizagem, portanto, são definidas em primeiro lugar. Elas não devem ser estabelecidas posteriormente de acordo com o que foi aprendido, e sim anteriormente enquanto meta a ser atingida para possibilitar seu acompanhamento. Nem sempre é possível atingir todos os objetivos que foram estabelecidos e, por isso, é fundamental que o planejamento, ao mesmo tempo que define a prática, seja definido por ela.

BNCC	**Currículo**	**Planejamento Didático**
Circunscreve os direitos mínimos àquelas aprendizagens que devem ser apresentadas a todos e a cada um	Amplia esses conteúdos levando em conta contextos locais e é responsável por, de acordo com a identidade da instituição e seu Projeto Político-Pedagógico, determinar as formas de ensinar	Dá vida ao conteúdo curricular, colocando em ação o como ensinar de maneira vinculada às trajetórias coletivas e individuais de cada turma

Assim, um planejamento real não é fixo, mas dinâmico. E, sem essa determinação prévia, não é possível avaliar a experiência e os caminhos escolhidos com a constância necessária e decidir se é preciso fazer ajustes, tomar um outro rumo ou se manter na mesma direção. É preciso estabelecer expectativas para garantir que a flexibilidade, indispensável ao planejamento, seja consciente, intencional e baseada em evidências.

O planejamento didático só consegue atingir seus objetivos quando é apoiado em condições materiais concretas: determinados estudantes, originários de determinadas famílias, você (o professor responsável por essa turma) com sua determinada experiência, todos juntos configurando determinada comunidade escolar, bairro, cidade e assim por diante.

Dessa maneira, a BNCC não pode ocupar o lugar do currículo e nem este o do planejamento didático, afinal, não é possível planejar o trabalho da sala de aula sem ter em mente os protagonistas da aprendizagem em seu contexto específico – os estudantes.

É no planejamento que o currículo vai atingir a sua forma mais singular, posto que a sala de aula é o espaço que reúne as dinâmicas coletivas e individuais de maneira combinada, onde os caminhos individuais andam coletivamente. Assim, o trabalho de planejamento envolve necessariamente o olhar para o grupo e para cada pessoa e, portanto, leva em consideração os contextos singulares e as múltiplas formas de aprendizagem que lá coexistem.

Como aprendemos e constatamos na prática, cada pessoa é diferente, ninguém aprende da mesma maneira. Isso significa que, em uma mesma turma, existem saberes e características individuais de várias ordens. O planejamento realizado na perspectiva inclusiva prevê estratégias pedagógicas diversificadas, buscando atender a pluralidade existente em sala, considerando principalmente aqueles alunos que, em nossa sociedade atual, correm um risco maior de serem excluídos da participação e da aprendizagem. Partir da situação mais desafiadora que você identifica no seu grupo, seja em termos de características físicas, mentais, sensoriais ou intelectuais, seja por questões relacionadas às aprendizagens já conquistadas, pode ser uma estratégia bem interessante para planejar propostas que não deixem ninguém de fora. Lembram da ideia de Desenho Universal? As modificações que eram pensadas apenas para viabilizar a participação de determinadas pessoas se mostram válidas e eficientes para muitas outras.

O planejamento não "abaixa a régua" para alguns, pois é construído com vistas a dimensionar as complexidades, as quantidades e os tempos demandados em cada proposta. Quando necessário, isso pode ocorrer de maneira individualizada. Ele é maleável na medida em que compreende as diferentes necessidades e está aberto a recorrer a uma variada gama de estratégias pedagógicas, porque não abre mão de estabelecer expectativas para cada um, sem deixar ninguém para trás.

Percebe que o próprio estudante é o foco na individualização de conteúdos e estratégias? Informação e convivência aparecem novamente como chaves nesse processo. Um planejamento que considere as particularidades deve trabalhar para colocar o aluno na posição de protagonista do seu próprio processo, não só porque isso é fundamental no desenvolvimento de sua autonomia, como também porque os elementos que o aluno traz consigo no exercício do seu protagonismo iluminam preciosos aspectos de sua singularidade. Isso nos permite ampliar nossos saberes e práticas no exercício da função docente. Portanto, os modelos educacionais que insistem em partir de pressupostos pasteurizados transformam a sala de aula em um ambiente padronizador, identificam o professor enquanto detentor único do conhecimento, empurram o aluno para o papel irrefletido de espectador e, consequentemente, nos paralisam no tempo.

Por isso, é importantíssimo transversalizar elementos de metacognição no decorrer das trajetórias didáticas e educacionais. Isso é, promover momentos em que o próprio estudante possa se debruçar consciente-mente sobre como ele estuda e aprende, identificando quais são suas maneiras favoritas e mais efetivas de construir relações com o conhe-cimento e quais estratégias são possíveis quando é colocado frente a situações menos confortáveis, apesar de necessárias. Utilizar estraté-gias de metacognição é chamar o aluno à responsabilidade na medida de seu conhecimento de si e do mundo, do que lhe cabe. Desta forma, não está na mão do professor determinar como cada um deve apren-der, e sim oferecer repertório e oportunidade para que cada estudante possa tomar consciência, refletir, administrar e se expressar sobre seus processos de aprendizagem.

Aqui estão alguns exemplos de recursos que podem ser utilizados para promover a metacognição em sala de aula:

- ◆ a anunciação dos caminhos planejados ao início de cada sequência didática, compartilhando os passos e as expectativas de aprendizagem;
- ◆ a contextualização de cada atividade dentro desse percurso;
- ◆ a promoção de processos de autoavaliação e de avaliações contínuas;
- ◆ o fomento à reflexão e à realização de balanços periódicos.

Vamos pensar em duas situações diferentes de avaliação. Na primeira, um professor, ao desenvolver seu planejamento, escolheu realizar uma prova ao final de uma determinada sequência didática. Na outra, uma professora optou por realizar diversas avaliações parciais ao longo do processo de ensino daqueles conteúdos. No primeiro exemplo, ao receber uma nota abaixo do esperado, o estudante tem menos condições de aprender com seus erros e a nota aparece apenas enquanto um fato consumado. Além disso, o próprio professor sente que pouco pode fazer diante de resultados de aprendizagem aquém do esperado, pois, na maioria das vezes, uma nova sequência já deve ser iniciada e não há mais tantas oportunidades de intervenção sobre a que já passou. Por outro lado, aquela professora que planejou avaliações parciais distribuídas ao longo da sequência promoveu, junto ao seu grupo, diversos momentos de reflexão sobre seus próprios processos de aprendizagem, viabilizando não só a avaliação do conteúdo, como também a autoavaliação do processo de cada estudante. Para a professora, essa estratégia permite, a cada parada avaliativa, a elaboração de um planejamento vinculado às aprendizagens correntes, possibilitando tanto mudanças de rota, retomadas e revisões, quanto aprofundamentos e redimensionamento do tempo de dedicação à sequência. Assim, é possível perceber que, no segundo exemplo, todos se envolvem e se corresponsabilizam pelo processo de aprendizagem, que é singular para aquela turma e cada um de seus integrantes.

Percebem os princípios da Educação Inclusiva em pleno funcionamento? A certeza de que todos são capazes de aprender permeia o planejamento. Ela é fundamento e motivação para diversificar as estratégias didático-pedagógicas. A definição relacional de deficiência considera, para além dos impedimentos relativos à pessoa, fatores externos a ela: as barreiras que se erguem no ambiente. Como sabemos, essas barreiras podem ser visíveis ou invisíveis, mas invariavelmente têm como efeito se antepor entre os estudantes com deficiência e seu direito à Educação. Ignorar as particularidades de quaisquer estudantes ou tratá-los como incapazes de aprender são atitudes que se configuram como barreiras que impedem o acesso ao currículo. O planejamento pode ocupar esse mesmo lugar, caso não considere a diversidade de formas de aprendizagem existentes no grupo de alunos. Por isso, é fundamental que os adultos responsáveis pelo trabalho em sala de aula adotem uma postura ativa de reconhecimento e eliminação de barreiras, mobilizando recursos a fim de garantir o alcance de todos aos conhecimentos propostos. Nesse movimento, a barreira atitudinal estará banida. No que se refere especificamente aos estudantes com deficiência ou transtornos globais do desenvolvimento, o fato de eles terem sido tratados ao longo da história como incapazes de aprender, torna essa postura determinante para viabilizar sua participação plena.

Assim, é imprescindível não perder de vista que o objetivo central do planejamento é o acesso de todos ao currículo. Isso não exclui a possibilidade de apoios, serviços e práticas diversificados que viabilizem a participação integral de todos os estudantes em todas as atividades escolares. Quando necessário, o educador não só pode como deve lançar mão de recursos que visem garantir esse direito. Afinal, é seu compromisso construir práticas pedagógicas que favoreçam e enriqueçam os processos de aprendizagem de cada aluno. No entanto, é importante ficar atento: primeiro é preciso conhecer o estudante, antes de recorrer a apoios predeterminados baseados em percepções estereotipadas sobre os diferentes impedimentos físicos, mentais, sensoriais e intelectuais. Cada pessoa é uma pessoa, com características próprias, idiossincrasias e singularidades.

Na lógica da equidade, o planejamento que concebe a forma como o currículo vai ser posto em prática em um determinado grupo, ao considerar sua pluralidade, estabelece estratégias dimensionando complexidades, tempos e quantidades para proporcionalizar desafios. A perspectiva inclusiva preceitua que essas estratégias devem ser personalizadas para todos os estudantes, não somente para aqueles que são público-alvo da Educação Especial, já que as formas de aprender são sempre singulares. Não se trata de planejar uma aula particular para cada um, tampouco pensar na turma subdividida artificialmente entre os estudantes com e sem deficiência. A adoção de estratégias coletivas – situações didáticas reconhecidamente importantes e, muitas vezes, eficientes – requer que elas sejam acessíveis a todos.

Assim, o conceito de adaptação curricular cai por terra, já que não é desejável fazer um remendo para aqueles que são "os diferentes", como se os demais fossem todos iguais e aprendessem da mesma forma. Em consonância com os princípios do Desenho Universal para Aprendizagem, a acessibilidade é pressuposto e não um "puxadinho", uma gambiarra, uma retificação de um planejamento voltado à homogeneidade. Não é desejável, portanto, elaborar um planejamento diferenciado para um aluno com deficiência após já ter finalizado o do restante da turma.

Como é importante oportunizar o planejamento didático-pedagógico para a turma toda, sem exceção, ele deve contemplar múltiplas estratégias para uma mesma expectativa de aprendizagem ou proposta de trabalho. Se um aluno não aprende o que se ensina, é preciso modificar a forma como se ensina. Não é, então, o estudante que se adapta e se submete ao currículo. Trata-se de desenhar um planejamento a serviço dos aprendizes, partindo da heterogeneidade. Mas, como?

Partindo dos ensinamentos do DUA, é possível elencar algumas práticas que podem tornar as propostas pedagógicas mais acessíveis. Contextualizar os objetos de aprendizagem, localizando textos histórica e simbolicamente ou ambientando operações matemáticas em situações-problema, pode favorecer associações individuais a partir de um planejamento coletivo, por exemplo. Organizar a variação de parcerias, propondo trabalhos em pequenos grupos, alternar com frequência a disposição dos lugares na sala de aula ou variar o ambiente de estudo, ocupando outros espaços da escola, também. Da mesma maneira, é interessante oferecer mais de um modo de registro – permitir diversas formas de expressão, para além da escrita, como o desenho, o discurso ou a esquematização. Ou, ainda, dividir e decompor a sequência didática em partes menores, diminuindo o tamanho dos passos a serem dados e aumentando sua quantidade, é mais uma possibilidade. Todas essas situações representam o que podemos caracterizar como ampliação do repertório de estratégias didático-pedagógicas.

Essas estratégias podem ser definidas para o grupo como um todo, para alguns de seus integrantes ou para um deles. A flexibilização dos tempos propostos e das quantidades de trabalho se relaciona diretamente com a variedade de fôlegos de aprendizagem que existem em uma sala de aula. O cerne da questão é o acesso ao currículo e não a igualdade absoluta, já que ela não existe. Deixar de persegui-la nos alivia e, ao mesmo tempo, nos deixa com mais energia para dinamizar nossos saberes e práticas. Essas decisões, sobre quais estratégias lançar mão, só podem ser feitas por nós, que somos aqueles que estão em contato com os estudantes.

Como vimos, a mudança de perspectiva não se restringe à definição da proposta no planejamento. Ela também deve ser considerada nos procedimentos do professor dentro da sala de aula. Suportes de diversas ordens, como ajuda na compreensão da leitura e da escrita são estratégias das quais o professor pode lançar mão durante uma proposta.

> Realização de leitura em voz alta, solicitação para que alguns ou todos os estudantes façam leitura prévia de conteúdo escrito, adequações em termos de complexidade ou tamanho de escritos conforme as possibilidades de cada um, a partir do estabelecimento individual ou coletivo de códigos ou esquemas de marcação.

> Assistência enquanto escriba, oferta de banco de palavras e listas, utilização de letras móveis.

Os materiais pedagógicos também podem ser aliados no desenvolvimento de um trabalho didático acessível, assim como podem se constituir enquanto barreira. Seu uso tem como finalidade tornar mais dialógica a relação entre o aluno e a aprendizagem, exigindo o mínimo de mediação possível, e isso deve funcionar para todos e não apenas para a maioria. Durante sua produção ou escolha, é preciso, constantemente, refletir se aquele material pode ser compreendido autonomamente por todos.

A elaboração e seleção de um material pode, em alguns casos, apesar dos esforços, tornar aquele conhecimento mais acessível para *quase todos*, e, nesses casos, será necessária a elaboração de um material didático personalizado. Ele pode variar de contexto para contexto, pois é o acesso ao conteúdo que deve ser garantido. A gestão escolar, os professores, o profissional de Atendimento Educacional Especializado e mesmo os próprios estudantes podem colaborar, cada um à sua maneira e dentro de suas funções, com as reflexões e os conhecimentos necessários para sua produção.

A diversificação de materiais didáticos é desejável, levando em consideração a heterogeneidade.

Ao oferecer múltiplas possibilidades de instrumentos de escrita, portadores de texto, materiais concretos e materiais audiovisuais, ampliamos o universo de alcance de nossa prática

instrumentos de escrita
lápis e canetas de cores variadas, letras móveis, máquina de escrever em braille, equipamentos digitais

materiais concretos
ábacos, jogos de montar, material dourado, geoplano, blocos lógicos, cartas, balanças, sólidos geométricos

portadores de texto
livros, cadernos, materiais impressos ampliados, equipamentos digitais, lousas individuais, folhas soltas

materiais audiovisuais
áudios, apresentações de slide, filmes, vídeos, músicas, fotografias

Uma sala de aula que não deixa ninguém de fora

Da mesma maneira que a valia de um material didático não está nele mesmo, mas na sua utilização, nenhum deles pode ser considerado, *a priori*, acessível ou não, pois depende de seu uso. A perspectiva relacional da acessibilidade ganha assim concretude na relação entre ensino e aprendizagem. Além disso, o próprio material didático precisa sempre levar em consideração a relação entre a intencionalidade pedagógica, o aluno e a barreira que se quer superar, seja ela curricular, comunicacional, física ou quaisquer outras daquela lista que vimos anteriormente.

Do mesmo modo, os momentos de avaliação da aprendizagem[7] compartilham desses pressupostos. Como já dissemos, declarar, logo no início, o percurso de aprendizagem e como ele será avaliado, facilita sua contextualização e o torna mais acessível. Verificações de aprendizagem parciais são sempre bem-vindas, já que são devolutivas dos esforços dos estudantes. Avaliações polvilhadas no decorrer da trajetória, e não só ao final, são ainda mais pertinentes, porque estimulam situações metacognitivas e concretizam o caminho percorrido, além de servirem de premissa para o (re)planejamento dos próximos passos e para o processo de corresponsabilização e autonomia do estudante.

Visando equiparar oportunidades, as avaliações devem ter como referência o processo individual, estabelecendo comparações intrapessoais e não com os outros, já que cada um é singular no manejo de suas inteligências. Nesse sentido, partindo do pressuposto de que a diferença é o que há de comum entre todos, idealmente, é necessário elaborar estratégias

---

7   É importante destacar que as avaliações escolares nunca medem ou aferem a inteligência dos estudantes, mas o quanto foi aprendido sobre os conteúdos escolares em um determinado recorte temporal.

de avaliação sempre diversificadas – na determinação dos tempos, nos procedimentos do professor durante a aplicação, na oferta de materiais de apoio e, inclusive, na elaboração do instrumento – não somente para aqueles que são público-alvo da Educação Especial.

No decorrer de sua trajetória profissional, no esforço cotidiano para o acesso de todos ao currículo comum, o educador pode se deparar com situações em que o próprio currículo é uma barreira, mesmo que ele tenha sido construído a partir dos pressupostos da diversidade. Nesses casos, a diversificação de estratégias pode não contemplar as expectativas de aprendizagem preestabelecidas. É preciso, então, flexibilizar o próprio currículo, a partir da elaboração de expectativas de aprendizagem com base nas traçadas anteriormente. O movimento de contextualização a que o currículo é submetido, desde a BNCC até a elaboração do PPP escolar, é o mesmo que se faz necessário nessas circunstâncias. Aqui ele atinge o seu ápice de especialização, tornando-se personalizado. Assim, o direito à diferença é garantido no próprio currículo, na própria seleção de conteúdos que vai ser apresentada ao estudante. Importante perceber que só foi necessário falar em flexibilização curricular depois de esgotar todas as possibilidades de repertório escolar, ou seja, incluindo as estratégias organizadas a partir do trabalho colaborativo entre toda a equipe pedagógica.

Assim, no esforço contínuo de ensinar tudo a todos, o professor pode sugerir desde pequenos ajustes, visando a participação geral mais efetiva na sala de aula, até alterações que se distanciam mais significativamente do currículo comum e, por isso, pressupõem avaliações criteriosas e responsáveis para sua implantação. Uma decisão como a de personalizar o currículo de um aluno, conforme falamos há pouco, não pode ficar a cargo de um único profissional, mesmo que ele seja o professor. A gestão escolar, o profissional do Atendimento Educacional Especializado, a família e o aluno podem e devem contribuir com reflexões para a tomada dessa decisão. Se a educação pressupõe um trabalho coletivo, o percurso de aprendizagem de uma pessoa público-alvo da Educação Especial radicaliza ainda mais essa prática, exigindo trocas constantes e resoluções compartilhadas.

É importante destacar que as diferenciações com base exclusivamente no impedimento não são efetivas para a garantia do acesso aos conteúdos curriculares. Cada pessoa é única e cada contexto é singular, mesmo que tenha um diagnóstico clínico em comum com outra. Dessa maneira, a elaboração de estratégias e flexibilizações personalizadas não deve ser feita *a priori*, a partir de um laudo médico. Lembram da Classificação Internacional de Funcionalidade, a CIF, que traz a necessidade de articular fatores ambientais, fatores pessoais e seus efeitos no desenvolvimento de atividades e possíveis restrições à participação? Ninguém é igual a ninguém e, ainda que o impedimento receba o mesmo nome, isso não diz tudo sobre a pessoa, inclusive em termos de saúde. Na educação, vivenciamos cotidianamente que as personalizações curriculares feitas para um aluno nunca, ou quase nunca, se enquadram nas especificidades de outro, não é mesmo? Mas, certamente, elas ampliam nossos repertórios quando organizadas intencionalmente e registradas dentro de nosso planejamento.

Ao contrário, quando o assunto são as estratégias didáticas, é sempre interessante refletir se aquela que decidimos usar para um aluno não é válida e interessante para refinar e facilitar a aprendizagem de toda a turma ou de outros estudantes. No cotidiano do trabalho escolar, podemos perceber que, na maioria das vezes, a resposta para esse questionamento é sim. A entrada das pessoas com deficiência, transtornos globais do desenvolvimento e altas habilidades/superdotação na escola, por exemplo, nos fizeram e fazem refrescar nossas práticas, criando novas possibilidades que podem beneficiar a todos se forem generalizadas. Recordam do que motivou a criação do Desenho Universal para a Aprendizagem e quais foram seus efeitos?

Com o estabelecimento de uma comunidade escolar diversa e aberta a todos, surge um novo paradigma na didática, que, a bem da verdade, é um retorno, um renascimento das ambições de Comenius em um novo patamar. O olhar individual a todos e a cada um, a sala de aula enquanto convergência de histórias pessoais e coletivas, o aprimoramento constante e atento das práticas didático-pedagógicas, entre uma infinidade de outras reinvenções, nós devemos a essa luta, à luta das pessoas com deficiência pelo seu direito à Educação e ao acesso à herança coletiva de conhecimento da humanidade. Cabe a nós, educadores, transformar a nossa prática, não com vistas a tolerar a diferença, mas a celebrá-la e transformá-la em parte constituinte de nosso trabalho, na sua maior potência, garantindo que não haja retrocessos. É preciso estar atento e forte para não deixar ninguém para trás.

> **Relatório Global de Monitoramento da Educação**
>
> ## Recomendação 8
>
> Preparar, empoderar e motivar a força de trabalho da educação: os professores devem estar preparados para ensinar todos os estudantes

5.2 O Atendimento Educacional Especializado a serviço da Educação Inclusiva

Depois de todos esses capítulos que trilharam aspectos do direito à Educação no Brasil e no mundo e seus impactos no acesso, permanência e qualidade para todas as pessoas sem exceção, vamos dedicar esse momento para esmiuçar o Atendimento Educacional Especializado (AEE), o principal serviço da modalidade da Educação Especial . Talvez, você possa estar se questionando: afinal, se o tema deste livro é Educação Inclusiva, o AEE não deveria ser o nosso tema central? Imaginamos que por tudo o que foi exposto, essa pergunta já tenha sido respondida de maneira abrangente. Agora, iremos tratá-la com mais profundidade.

Estudamos que a organização do Atendimento Educacional Especializado atravessa as diversas dimensões da educação nacional. Isso porque a estruturação desse serviço começa na elaboração da legislação, passa por sua organização enquanto política pública, até chegar à implementação nas escolas e articulação com a sala de aula comum. Conforme ficou explícito ao longo deste livro, a palavra "comum" é usada no sentido daquilo que é comum a todos, é de todos, é de uma comunidade.

O AEE, já inscrito na Lei de Diretrizes e Bases da Educação Nacional, foi pensado para um público específico e deve ser ofertado sempre que necessário. Ou seja, sempre que o comum não é suficiente para que o direito à Educação de estudantes com deficiência, transtornos globais do desenvolvimento ou altas habilidades/superdotação se realize, lançamos mão do Atendimento Educacional Especializado. Como um serviço de apoio à educação comum cujo objetivo é estabelecer meios e modos para viabilizar o real contato com o currículo e seu aprendizado, os apoios forjados nesse e por esse serviço devem ser imediatamente incorporados ao cotidiano da sala de aula e da escola.

O desenho do AEE parte de uma situação desafiadora do cotidiano escolar que instiga os educadores – docentes da sala de aula comum, do Atendimento Educacional Especializado, da coordenação pedagógica, da direção escolar – a (re)organizarem seus instrumentos, práticas, estratégias e materiais para responder a essa situação específica desse estudante singular. Esta forma de compreensão desse serviço está perfeitamente alinhada ao conceito social de deficiência, pois, na prática, é importante que pensemos quais são as barreiras que aparecem e estão impedindo a concretização do direito à Educação. Não há outra forma de realizar essa tarefa, senão a partir do convívio e das relações que se estabelecem na sala de aula e na escola.

Percebem que o percurso do livro se coaduna com essa necessária inversão de fluxo? Se as barreiras aparecem dentro da sala de aula, é lá que, em primeiro lugar, devemos atuar. Assim, as primeiras ações para sua

Uma sala de aula que não deixa ninguém de fora

eliminação devem ser realizadas pelo professor da turma. Perceber as barreiras, entender por que elas existem e quais são as melhores estratégias para fazer com que elas desapareçam tem o potencial de melhorar a aula para todos, estudantes e professores. Se ao tomar contato com o que está impedindo o estudante público-alvo da Educação Especial de ter acesso ao currículo o professor perceber que necessita de apoio, então, deve entrar em cena o professor do Atendimento Educacional Especializado. Essa rota é muito diferente do que estávamos acostumados, não é mesmo? Em geral, nosso primeiro movimento quando sabemos da notícia que haverá um estudante com deficiência ou transtorno global do desenvolvimento na turma é justamente chamar o profissional do AEE. Ao mantermos essa lógica , é como se falássemos que a responsabilidade do processo de escolarização desse aluno é de responsabilidade desse professor. Com isso, mesmo sem nomear, permanecemos na perspectiva da integração, pois atrelamos a necessidade do serviço de apoio ao impedimento, referendado por um diagnóstico clínico, sem relacioná-lo às barreiras.

Na perspectiva da inclusão, todos os membros da comunidade escolar se responsabilizam por todos os estudantes, sem exceção. A mudança de paradigma da integração para a inclusão, quando pensada a partir da ressignificação da modalidade de Educação Especial como serviço à disposição das escolas comuns, de fato coloca em seu quadro fixo de trabalhadores um novo profissional, com saberes específicos e especializados. E esse foi um grande avanço, sem dúvida! Porém, se sua função ficar apartada da escolarização ou mesmo substituí-la, não avançaremos rumo a um sistema educacional inclusivo.

Como vimos, segundo a Política Nacional de Educação Especial na Perspectiva da Educação Inclusiva, elaborada em 2008, a função do profissional do Atendimento Educacional Especializado é contribuir para a plena participação e o acesso ao currículo de estudantes público-alvo da Educação Especial, elaborando e organizando recursos pedagógicos e de acessibilidade para a eliminação das barreiras que aparecem no processo de escolarização. Para tanto, a especialização em Educação Especial que focaliza em determinado impedimento é importante, mas tem se mostrado insuficiente. Isso porque, para uma atuação colaborativa de enfrentamento às barreiras, é necessário que esse profissional tenha como princípio a acessibilidade e sua característica relacional. Sua formação a título de especialização deve ser composta por conhecimentos relacionados a, por exemplo, Desenho Universal para Aprendizagem, dado que o apoio está a serviço do processo de escolarização como um todo. Escapar da limitação do conhecimento específico sobre determinado impedimento, passar o estudante na frente do laudo e saber o que acontece na sala de aula compõem o movimento para quebra de barreiras. Entender o impedimento antes da criança mobiliza respostas já prontas e que organizam hierarquicamente os saberes – ao professor do AEE, que é especialista, cabe a função de dizer o que deve ser feito pelo professor da sala de aula comum, cujo conhecimento é básico. Na perspectiva relacional, esse movimento muda: o conhecimento específico é importante, mas não suficiente. Novamente não se trata de "ou", e sim de "e".

Diante de todas essas necessárias mudanças de perspectiva, é fundamental compreender que o professor do AEE não é o único responsável pelos processos de inclusão escolar dos estudantes público-alvo da Educação

Especial. Como já falamos, quando o assunto é Educação, são raras as situações cuja responsabilidade e autoria recaem sobre uma única pessoa. Ao contrário, o professor do AEE utiliza seus conhecimentos e saberes na articulação entre os diferentes profissionais que trabalham nos processos de ensino e aprendizagem, envolvendo a comunidade como um todo na construção de uma escola que não deixa ninguém para trás. Sua função central é atender às crianças e aos adolescentes público-alvo da Educação Especial no período oposto de suas aulas, com vistas a favorecer suas aprendizagens *na sala de aula*. Nesse sentido, o Atendimento Educacional Especializado não se constitui enquanto uma sala especial, apartada, segregada, que realiza o processo de escolarização dos estudantes com deficiência e transtornos globais do desenvolvimento. Ele também não é um reforço escolar. O AEE é um trabalho que complementa ou suplementa o trabalho pedagógico realizado junto com a turma. Inicialmente, o espaço determinado para seu desenvolvimento foi a Sala de Recursos Multifuncionais (SRM). Estas salas são dotadas de mobiliário, recursos de acessibilidade e equipamentos específicos para o atendimento dos alunos. Em geral, as SRM devem ser organizadas dentro da escola comum, mas devido a características específicas de algumas redes, como tamanho ou parcerias de diversas naturezas, pode acabar acontecendo de uma SRM atender a diversas escolas de uma mesma região. No entanto, na perspectiva da inclusão, a Sala de Recursos Multifuncionais não é um espaço *na* escola, mas um espaço *da* escola e, por isso, de responsabilidade da gestão e da comunidade escolar em conjunto, não apenas do professor do AEE.

O direito a esse atendimento é restrito ao público-alvo da Educação Especial, que deve estar matriculado no ensino comum e pode optar pela matrícula simultânea no Atendimento Educacional Especializado. Assim, ele não é voltado nem para alunos com dificuldade de aprendizagem nem para alunos com questões comportamentais e atitudinais, já que não se trata de reforço escolar ou espaço terapêutico. O aluno que o frequenta não o faz para suprir eventuais defasagens no currículo, nem para reforçar ou aprofundar o trabalho realizado na sala de aula comum. Se as pessoas com deficiência são aquelas com impedimentos de natureza física, intelectual, mental ou sensorial de longo prazo, cuja participação na sociedade atual pode ser obstruída por barreiras, a função do AEE é justamente dinamizar o trabalho para eliminar essas barreiras dentro da escola.

Seu oferecimento é obrigatório, mas a matrícula não. Isso quer dizer que, por lei, os sistemas de ensino – os governos, as secretarias, as redes e as escolas – devem disponibilizar o AEE, porém, a decisão de participar deve ser resultado de uma resolução coletiva, que envolva a escola, a família e demais personagens da rede de apoio do estudante. Inclusive, o próprio aluno. Assim, é fundamental a construção de um diálogo franco, acolhedor e permanente entre todos, possibilitando reflexões que tenham como objetivo favorecer o protagonismo e a autonomia do aluno, a fim de que não sejam meramente espectadores dos seus próprios processos de aprendizagem.

Não custa retomar. Como a Educação Especial se requer transversal, ela deve acontecer em todos os espaços escolares, e não em uma sala restrita. Então, o profissional de AEE não pode ficar na Sala de Recursos

Multifuncionais esperando seu aluno para realizar o atendimento. Cairíamos ou nos manteríamos na perspectiva biomédica. Se o desafio é de contexto, o professor do AEE é o profissional do diálogo. O diálogo é imprescindível para fazermos a virada entre o modelo clínico e a perspectiva social; da integração para a inclusão. É fundamental, portanto, sairmos da perspectiva do encaminhamento – aquela na qual as dificuldades educacionais são endereçadas para que outros profissionais, externos ao cotidiano escolar e investidos da insígnia de especialistas, apresentem soluções a serem aplicadas pelos gestores e educadores. O professor do AEE faz parte da escola. O movimento de reflexão colaborativa, como instrumento potente e estratégia eficaz para uma atuação que inclui todas as pessoas no processo, coloca a perspectiva da Educação Inclusiva como catalizadora de outras possibilidades de encontro. O que significa, por exemplo, dar centralidade ao que é produzido em cada escola pelo conjunto de seus profissionais e registrado em seu Projeto Político-Pedagógico.

Outra mudança na nossa forma de atuar e perceber a Educação Especial é ter em mente que o Atendimento Educacional Especializado não é para sempre. Nem acontece 5 vezes por semana, 4 horas por dia. Como serviço, ele deve estar à disposição e não estar atrelado a determinado impedimento. Ao compreendermos que a deficiência é uma condição relacional, ela pode e deve variar ao longo do processo de escolarização. Se queremos respostas diferentes, então, precisamos fazer questões diferentes. Se perguntarmos, de imediato, quem será o professor de AEE de determinado aluno antes mesmo de nos relacionarmos pedagogicamente com ele, estamos predispondo uma rota que pode ser a mais conhecida, mas que pode não ser potente o bastante para delinearmos quais são as barreiras e estabelecermos um diálogo pedagógico frutífero entre todos. Se o conceito de pessoa com deficiência é relacional, se o conceito de acessibilidade é relacional, o diálogo entre esses dois profissionais que têm especialidades diferentes pode auxiliar no estabelecimento de estratégias pedagógicas convergentes para atingirmos um objetivo que é comum – acesso, permanência e qualidade do processo de escolarização.

Relembrando, a Sala de Recursos Multifuncionais não precisa existir necessariamente e não é o único espaço para a realização do Atendimento Educacional Especializado, que, por sua vez, não precisa ser perene. Depois de mais de 10 anos do estabelecimento da Política Nacional de Educação Especial na perspectiva da Educação Inclusiva, podemos afirmar que ela cumpriu seu papel de indutora dos processos de inclusão escolar, pois, ao fortalecer o estabelecimento das SRM em todos os municípios brasileiros, impulsionou que o AEE acontecesse nas escolas comuns e, com isso, provocou a articulação entre a educação comum e a Educação Especial. Hoje, sabemos que é justamente esse movimento entre os diferentes saberes que tem a potência de romper as barreiras que se interpõem entre o aluno e seu direito à Educação, e que nos faz ampliar nosso repertório.

O fluxo de atendimento, em uma proposta dialógica e inclusiva, é organizado partindo do que é comum e chegando, se necessário, ao específico. O mais especializado é oferecido à medida que as barreiras demandam. Ele não deve ser o primeiro recurso a ser ofertado pela escola. Essa mudança de atitude diante dos estudantes público-alvo da Educação Especial é o ponto de virada para que trabalhemos em uma perspectiva de não deixar ninguém para trás. Vamos inverter a pergunta? Antes

Uma sala de aula que não deixa ninguém de fora

de perguntar qual é a deficiência, que tal perguntarmos quais são as barreiras? Quantas vezes o professor da turma vai à Sala de Recursos Multifuncionais para saber do seu aluno que está sendo atendido lá? O contrário acontece com mais frequência, não é mesmo? Muitas escolas pelo Brasil possuem Sala de Recursos Multifuncionais e, não raro, esse é um espaço que pouco recebe outros profissionais que atuam na unidade escolar. Em geral, é o professor de AEE que vai até a sala de aula, mas o professor da turma quase não se desloca para a SRM. Se isso ocorre, pode ser um indício de que o profissional que se sente o principal responsável pelo processo de escolarização do estudante público-alvo da Educação Especial é ainda o professor de AEE. Essa é a inversão que precisamos fazer. E ela não acontecerá na SRM, e sim na sala de aula junto com toda a turma. Apresentamos aqui uma proposta bem simples para iniciar o diálogo, com seu respectivo registro. Sua principal característica é a de organizar o conhecimento que o professor da turma já tem sobre esse estudante e formatar a solicitação de trabalho colaborativo entre os profissionais.

SOLICITAÇÃO DE APOIO PARA O ATENDIMENTO EDUCACIONAL ESPECIALIZADO

NOME DA(O) ALUNA(O):_____

NOME DA(O) PROFESSOR(A):_____

ANO ESCOLAR:_____

- O que levou você a solicitar apoio para este estudante?

- Descreva até três atividades pedagógicas que foram planejadas e realizadas. Procure relatar sobre o conteúdo, suas expectativas de aprendizagem, formas de trabalho, estratégias pedagógicas utilizadas e respostas da turma de maneira geral.

- Você percebe barreiras que impedem esse estudante de acessar conteúdos e realizar as tarefas solicitadas? Pode nomeá-las?

- Que expectativas você tem em relação ao trabalho colaborativo que faremos para contribuir no processo de ensino/aprendizagem desse estudante na sala de aula junto da turma?

- Informe horários que tem disponíveis para planejamentos comuns e trocas de informações sobre as atividades a serem planejadas e desenvolvidas.

Por conta de o trabalho desenvolvido pelo Atendimento Educacional Especializado estar intimamente relacionado ao planejamento didático-pedagógico estabelecido pelo professor da turma, dado que não se inicia ou se encerra na Sala de Recursos Multifuncionais, registrar o diálogo entre os docentes pode ser muito eficaz para formalizá-lo, circunscrever as necessidades de apoio ao estudante e abrir a porta da sala de aula para que o professor do AEE comece a fazer parte do processo pedagógico.

Como dito anteriormente, o AEE tem caráter complementar e/ou suplementar ao que é desenvolvido no outro turno pelo professor regente da turma. O professor responsável por esse serviço precisa ser chamado a colaborar, fornecendo recursos que possibilitem romper as barreiras que se interpõem entre os estudantes público-alvo da Educação Especial e o currículo, quer por meio de produção e indicação de materiais, quer por meio de ajudas técnicas, como ensino de Libras, confecção e capacitação do uso de pranchas de comunicação alternativa, ensino do uso de tecnologias assistivas, entre outras. Sempre a partir do planejamento didático-pedagógico.

Um aluno cego, por exemplo, que necessite ser alfabetizado em Braille[8], não deve ser apartado de seu grupo durante as aulas para entrar em contato com esse conhecimento e, assim, conseguir ler e produzir textos nesse código. Se isso acontece, no período em que ele permanecer separado, estará perdendo conteúdos trabalhados pela turma e sendo excluído do acesso ao currículo, o que o deixará para trás. O caminho é ensinar o Braille no turno inverso, para que nem um dos dois conhecimentos

---

8   Sistema de escrita e leitura tátil.

seja subtraído do estudante. A um outro aluno que tem impedimentos físicos, não deve ser oferecido um trabalho específico em detrimento do que está sendo apresentado aos demais estudantes da turma. A permanência dele em sala de aula não é suficiente para garantir seu acesso ao currículo. Ao invés disso, é importante elaborar e disponibilizar material personalizado e / ou organizar e utilizar uma tecnologia assistiva.

Assim, a produção e indicação de código, línguas e / ou recursos materiais complementares ou suplementares ao trabalho pedagógico para serem utilizados pelos estudantes é também atribuição do professor do AEE em diálogo com o professor da turma. Ele pode, desde produzir instrumentos que adequem os materiais pedagógicos usados em sala de aula comum e na realização de atividades, até pesquisar, identificar e pedir a aquisição de *hardwares*, *softwares*, aplicativos e uma infinidade de tecnologias assistivas. Relaciona-se a esse estudo, a orientação aos demais professores, alunos e famílias para utilização dessas ferramentas. Esse é núcleo do ofício do AEE: lançar mão de diversos saberes e práticas para desenvolver atividades, materiais e reflexões que reverberem na sala de aula comum, tendo como expectativa a quebra de barreiras para o acesso pleno ao currículo e à aprendizagem em grupo.

Visto que o trabalho de identificação de barreiras é um trabalho colaborativo, o professor do Atendimento Educacional Especializado necessariamente trabalha em articulação com os demais professores. A elaboração de um plano de AEE que proponha e produza serviços e recursos de acessibilidade, de acordo com as especificidades de cada aluno, para a superação dessas barreiras, pressupõe-se dialógica.

No desenvolvimento do trabalho, no contato com as particularidades e especificidades de cada aluno, o profissional do AEE aprimora seu conhecimento e se torna cada vez mais capaz de oferecer soluções e fazer propostas de ajustes no trabalho em sala de aula. Ele não sabe tudo de antemão, pois não mais estabelece suas ações a partir exclusivamente do laudo biomédico. Ao trabalhar diretamente com o estudante no contraturno, no contato com suas possibilidades e impossibilidades, o professor do AEE pode se deter de maneira mais particular sobre as barreiras específicas, e construir conjuntamente com o próprio estudante estratégias para sua eliminação, colaborando para seu acesso ao currículo.

O acompanhamento ocasional do professor do AEE à sala de aula comum, mesmo que seja para a pura observação, tem como efeitos potencializar o trabalho de ambos os profissionais e mostrar caminhos que não são tão evidentes no atendimento individualizado. Ao conhecer o grupo e a sala de aula, se torna possível para ele mapear as barreiras e verificar as habilidades em ação, bem como identificar pontos de apoio e demandas em termos de atuação didático-pedagógica. Além disso, esse acompanhamento permite o contato mais próximo com narrativas, personagens e histórias das quais ele só ouvia falar, conhecendo o estudante em um contexto absolutamente distinto daquele da Sala de Recursos Multifuncionais. Nesse ambiente, o aluno assume outros papéis e comportamentos na relação e na convivência com seus colegas e com os outros professores, e o profissional do Atendimento Educacional Especializado pode ser apresentado a essas outras formas desse aluno ser e estar no mundo. Não é exagero dizer que todos os profissionais envolvidos ganham, pois passam a desempenhar melhor sua função social.

Editora do Brasil

Central de Atendimento
E-mail: atendimento@editoradobrasil.com.br
Telefone: 0300 770 1055

Redes Sociais
- facebook.com/editoradobrasil
- youtube.com/editoradobrasil
- instagram.com/editoradobrasil_oficial
- twitter.com/editoradobrasil

Acompanhe também o Podcast Arco43!
Acesse em:

www.editoradobrasil.podbean.com

ou buscando por Arco43 no seu agregador ou player de áudio

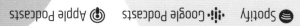
Spotify   Google Podcasts   Apple Podcasts

www.editoradobrasil.com.br

ORGANIZAÇÃO DOS ESTADOS AMERICANOS (OEA). **Convenção Interamericana para a Eliminação de Todas as Formas de Discriminação contra as Pessoas Portadoras de Deficiência**. OEA, 1999.

ORGANIZAÇÃO MUNDIAL DE SAÚDE (OMS). **Classificação Estatística Internacional das Doenças e Problemas Relacionados com a Saúde – Décima Revisão (CID-10)**. OMS, 1990.

ORGANIZAÇÃO MUNDIAL DE SAÚDE (OMS). **Classificação Internacional de Funcionalidade, Incapacidade e Saúde**. OMS, 2001.

ORGANIZAÇÃO MUNDIAL DE SAÚDE (OMS). **Relatório Mundial sobre a Deficiência**. OMS, 2004.

WEFFORT, MF. et al. **Grupo: Indivíduo, Saber e Parceria: Malhas do Conhecimento**. Porto Alegre: Espaço Pedagógico, 1994.

ORGANIZAÇÃO DAS NAÇÕES UNIDAS (ONU). **Convenção sobre os Direitos da Criança**. ONU, 1989.

ORGANIZAÇÃO DAS NAÇÕES UNIDAS (ONU). **Convenção sobre os Direitos das Pessoas com Deficiência**. ONU, 2006.

ORGANIZAÇÃO DAS NAÇÕES UNIDAS (ONU). **Declaração de Dakar: Educação para Todos**. ONU, 2000.

ORGANIZAÇÃO DAS NAÇÕES UNIDAS (ONU). **Declaração de Incheon: Educação 2030: Rumo a uma Educação de Qualidade Inclusiva e Equitativa e à Educação ao Longo da Vida para Todos**. ONU, 2015.

ORGANIZAÇÃO DAS NAÇÕES UNIDAS (ONU). **Declaração de Jomtien: Declaração Mundial de Educação para Todos**. ONU, 1990.

ORGANIZAÇÃO DAS NAÇÕES UNIDAS (ONU). **Declaração de Salamanca: Sobre Princípios, Políticas e Práticas na Área das Necessidades Educativas Especiais**. ONU, 1994.

ORGANIZAÇÃO DAS NAÇÕES UNIDAS (ONU). **Declaração Universal dos Direitos Humanos**. ONU, 1948.

ORGANIZAÇÃO DAS NAÇÕES UNIDAS (ONU). **Objetivos de Desenvolvimento do Milênio/Cúpula do Milênio das Nações Unidas**. ONU, 2000.

ORGANIZAÇÃO DAS NAÇÕES UNIDAS (ONU). **Objetivos de Desenvolvimento Sustentável/Objetivos Globais**. ONU, 2015.

FREIRE, P. **Pedagogia da Indignação: Cartas Pedagógicas e Outros Escritos**. São Paulo: Unesp, 2000.

GARCEZ, L. **Da construção de uma ambiência inclusiva no espaço escolar (Dissertação)**. São Paulo: Universidade de São Paulo, 2004.

GARCEZ, L. **Inclusão como processo de modificação de estruturas e atitudes: os impactos da leitura relacional nos serviços à pessoa com deficiência na perspectiva dos Direitos Humanos**. In: TUON, L.; CERETTA, LB (Orgs.). Rede de Cuidado à Pessoa com Deficiência. Criciúma: Universidade do Extremo Sul Catarinense, 2017.

GARDNER, H. **Estruturas da Mente: A Teoria das Múltiplas Inteligências**. Porto Alegre: Artes Médicas, 1994.

LIBÂNEO, JC. **Organização e Gestão da Escola: Teoria e Prática**. Goiânia: Alternativa, 2010.

MEYER, A.; ROSE, D.; GORDON, D. **Universal Design for Learning: Theory and Practice**. Wakefield: CAST Professional Publishing, 2014.

ORGANIZAÇÃO DAS NAÇÕES UNIDAS PARA A EDUCAÇÃO, A CIÊNCIA E A CULTURA. **Relatório Global de Monitoramento da Educação 2020: Inclusão e Educação para Todos**. UNESCO, 2020.

ORGANIZAÇÃO DAS NAÇÕES UNIDAS (ONU). **Agenda 2030 para o Desenvolvimento Sustentável/Agenda Pós-2015**. ONU, 2015.

BRASIL/MEC. **Política Nacional de Educação Especial na Perspectiva da Educação Inclusiva**. Brasília, 2008.

BRASIL/MEC/CNE. Resolução CNE/CEB no 2/2001. **Institui Diretrizes Nacionais para a Educação Especial na Educação Básica**. Brasília, 2001.

BRASIL/MEC/CNE. Resolução CNE/CEB no 4/2009. **Institui Diretrizes Operacionais para o Atendimento Educacional Especializado na Educação Básica, modalidade Educação Especial**. Brasília, 2009.

BRASIL/MEC/CNE. Resolução CNE/CEB no 4/2010. **Define Diretrizes Curriculares Nacionais Gerais para a Educação Básica**. Brasília, 2010.

BRASIL/MEC/CNE. Resolução CNE/CP No 2/2017. **Institui e Orienta a implantação da Base Nacional Comum Curricular, a ser respeitada obrigatoriamente ao longo das etapas e respectivas modalidades no âmbito da Educação Básica**. Brasília, 2017.

BRASIL/MEC/SECADI/DPEE. Nota Técnica no 62/2011. **Orientações aos Sistemas de Ensino sobre o Decreto no 7.611/2011**. Brasília, 2011.

CONCEIÇÃO, LHP. **Educação para todos: a construção de cultura, políticas e práticas inclusivas a partir de um estudo de caso sobre uma estudante com deficiência na escola comum (dissertação)**. São Paulo: Universidade de São Paulo, 2014.

FOUCAULT, M. **História da Loucura: Na Idade Clássica**. São Paulo: Perspectiva, 2007.

Bibliografia

BRASIL. Decreto no 7.611/2011. **Dispõe sobre a educação especial, o atendimento educacional especializado e dá outras providências**. Brasília, 2011.

BRASIL. Decreto no 7.612/2011. **Institui o Plano Nacional dos Direitos da Pessoa com Deficiência – Plano Viver sem Limite**. Brasília, 2011.

BRASIL. Emenda Constitucional no 45/2004. **Altera dispositivos dos arts. 5o, 36, 52, 92, 93, 95, 98, 99, 102, 103, 104, 105, 107, 109, 111, 112, 114, 115, 125, 126, 127, 128, 129, 134 e 168 da Constituição Federal, e acrescenta os arts. 103-A, 103-B, 111-A e 130-A, e dá outras providências**. Brasília, 2004.

BRASIL. Lei no 10.098/2000. **Estabelece normas gerais e critérios básicos para a promoção da acessibilidade das pessoas portadoras de deficiência ou com mobilidade reduzida, e dá outras providências**. Brasília, 2000.

BRASIL. Lei no 12.796/2013. **Altera a Lei no 9.394/1996, que estabelece as diretrizes e bases da educação nacional, para dispor sobre a formação dos profissionais da educação**. Brasília, 2013.

BRASIL. Lei no 13.005/2014. **Plano Nacional de Educação**. Brasília, 2014.

BRASIL. Lei no 13.146/2015. **Lei Brasileira de Inclusão da Pessoa com Deficiência (Estatuto da Pessoa com Deficiência)**. Brasília, 2015.

BRASIL. Lei no 8.069/1990. **Estatuto da Criança e do Adolescente**. Brasília, 1990.

BRASIL. Lei no 9.394/1996. **Lei de Diretrizes e Bases da Educação Nacional**. Brasília, 1996.

BRASIL. Decreto no 3.298/1999. **Regulamenta a Lei no 7.853, de 24 de outubro de 1989, dispõe sobre a Política Nacional para a Integração da Pessoa Portadora de Deficiência, consolida as normas de proteção, e dá outras providências**. Brasília, 1999.

BRASIL. Decreto no 3.956/2001. **Promulga a Convenção Interamericana para a Eliminação de Todas as Formas de Discriminação contra as Pessoas Portadoras de Deficiência**. Brasília, 2001.

BRASIL. Decreto no 5.296/2004. **Regulamenta as Leis no 10.048, de 8 de novembro de 2000, que dá prioridade de atendimento às pessoas que especifica, e no 10.098, de 19 de dezembro de 2000, que estabelece normas gerais e critérios básicos para a promoção da acessibilidade das pessoas portadoras de deficiência ou com mobilidade reduzida**. Brasília, 2004.

BRASIL. Decreto no 5.626/2005. **Dispõe sobre a Língua Brasileira de Sinais – Libras**. Brasília, 2005.

BRASIL. Decreto no 6.094/2007. **Dispõe sobre a implementação do Plano de Metas Compromisso Todos pela Educação, pela União Federal, em regime de colaboração com Municípios, Distrito Federal e Estados, e a participação das famílias e da comunidade, mediante programas e ações de assistência técnica e financeira, visando a mobilização social pela melhoria da qualidade da educação básica**. Brasília, 2007.

BRASIL. Decreto no 6.571/2008. **Dispõe sobre o atendimento educacional especializado, regulamenta o parágrafo único do art. 60 da Lei no 9.394/1996, e acrescenta dispositivo ao Decreto no 6.253/2007**. Brasília, 2008.

7   Bibliografia

ARENDT, H. **A Condição Humana**. Rio de Janeiro: Forense Universitária, 1997.

ARENDT, H. **As Origens do Totalitarismo**. Rio de Janeiro: Documentário, 1979.

ARENDT, H. **Entre o Passado e o Futuro**. São Paulo: Perspectiva, 2001.

BOBBIO, N. **Era dos Direitos**. Rio de Janeiro: Campus, 1988.

BOCK, GLK.; GESSER, M.; NUERNBERG, AH. **Desenho universal para a aprendizagem: a produção científica no período de 2011 a 2016**. Revista Brasileira de Educação Especial, n. 1, v. 24, p. 143-160, jan./mar. 2018.

BRASIL. **Constituição. Constituição da República Federativa do Brasil**. Brasília, 1988.

BRASIL. Decreto no 6.949/2009. **Promulga a Convenção Internacional sobre os Direitos das Pessoas com Deficiência e seu Protocolo Facultativo**. Brasília, 2009.

BRASIL. Decreto Legislativo no 186/2008. **Aprova o Texto da Convenção sobre os Direitos das Pessoas com Deficiência e de seu Protocolo Facultativo**. Brasília, 2008.

Conclusão

educação é, ao mesmo tempo, diagnosticar o momento seguinte. É na escola que se tem a possibilidade de assegurar, simultaneamente, a universalidade dos conhecimentos e as especificidades locais, promover o diálogo entre o conhecimento de questões clássicas da área, dos problemas contemporâneos e das pesquisas existentes no país e no mundo sobre os assuntos mais relevantes.

O descompasso entre as legislações, as políticas públicas e sua tradução no cotidiano das escolas aponta, portanto, não para problemas a serem sanados, ou diferenças a serem homogeneizadas, tampouco para a necessidade de se criar um novo método pedagógico, mas para os embates que ainda não foram feitos, para as leis que ainda não se efetivaram, para as brechas nas quais se pode atuar.

O regresso à normalidade é uma opção impossível e indesejável. Não conseguiremos e nem queremos nos colocar de novo dentro da caixa e voltar a rotinas, muitas vezes excludentes. Os problemas educativos, desnudados pela pandemia, não são novos. Tempos de mudanças requerem que retornemos aos princípios básicos. E esses estão estabelecidos e reestabelecidos nos marcos históricos nacionais e internacionais: Educação como direito indisponível, do qual ninguém pode ficar de fora. Vamos juntos fazer no presente o caminho para onde queremos chegar: a Educação Inclusiva!

Utilizamos recursos e metodologias de comunicação diversificados, mantendo o vínculo entre docentes e entre docentes e estudantes como foco. Está sendo uma oportunidade de vivenciar o quanto os laços sociais nos garantem repertório para manter viva a relação com o saber – as vontades de saber e de ensinar estão sendo fundamentais. Elaborar propostas, gerais e de caráter individualizado, virou parte da rotina, frente a imperiosa necessidade de não deixar ninguém de fora. Essa atuação, que inclui a todos no processo, coloca a perspectiva da Educação Inclusiva como catalizadora de outras possibilidades de encontro, dando centralidade ao que está sendo produzido em cada escola pelo conjunto de seus educadores. Esse movimento de participação plena e pertencimento que aposta na consolidação das estratégias pedagógicas e de gestão a partir do que cada equipe conhece e realiza, das relações estabelecidas em cada unidade escolar, possibilita escapar das armadilhas da "capacitação" ou "reciclagem" para atender às necessidades de determinado modelo, repaginando a tão antiga ideia de transmissão do conhecimento. Afinal, quem nos capacitaria e nos daria respostas diante de uma pandemia?

Relação, diálogo, informação, movimento. Palavras que nos acompanharam durante todo o percurso de escrita desse livro e estão no núcleo do fazer educacional. Nem o intangível, nem o discurso vazio, nem o contentamento com o que está posto, e sim a busca pela confrontação cotidiana de novos saberes e práticas para a educação, no sentido de renovação da capacidade de projetar sem deixar ninguém de fora.

Queremos concluir reafirmando que este livro é um convite para buscarmos caminhos que apontem para propostas educacionais em movimento, de maneira que avaliar o ponto onde nos encontramos em termos de

Conclusão

A inclusão tem nos convocado a colocar nosso desejo e nosso saber em prol de todos os estudantes, sem vírgulas ou desde que. Seja na gestão da rede de ensino, na gestão escolar ou na prática pedagógica da sala de aula, o trabalho é sempre dialógico e colaborativo entre todos nós.

Então, decidimos concluir este livro com um último desafio: ler o isolamento social a partir do conceito de barreira. Ao propormos e fazermos esse exercício, nos sentimos impulsionadas imediatamente a pensar e pôr em prática estratégias diferentes de atuação enquanto educadoras. Sairmos da comparação entre o que tínhamos e não temos mais, do que era e não é mais, gerou oportunidades de rompermos com a já mencionada perspectiva do encaminhamento. Não temos especialistas. Não temos para quem encaminhar. Na verdade, nos demos conta que somos nós os especialistas em educação. E é em nós que as expectativas de milhares de estudantes estão sendo depositadas.

Tivemos que dialogar, trocar, interagir, pesquisar, acertar e errar. Lançar mão de momentos de reflexão colaborativa, instrumento potente e estratégia eficaz para aumentar a possibilidade de êxito de nossas ações. Todos juntos em prol do propósito de manter viva a educação escolar. Sabemos que a casa não substitui a escola, que a família não substitui o professor e que apenas o envio de conteúdos reduz os objetivos educacionais. Sua garantia está tão mais assegurada quanto for mantido o diálogo entre princípios, que são inegociáveis, diretrizes de políticas públicas e saberes/práticas de cada local, respeitando as condições emocionais, cognitivas e sociais dos estudantes e de suas famílias. Situações sempre desafiadoras.

não seria efetivo simplesmente substituir ou reproduzir o dia a dia da sala de aula à distância. Essa virada de chave foi primordial para que passássemos a nos relacionar com essa reconfiguração do nosso fazer, não nos fixando nas perdas que tivemos em termos comparativos à situação anterior, com algo que não é mais factível. Ao contrário, nos movimentamos para considerar as diferentes possibilidades de acesso e os momentos pedagógicos de cada um dos estudantes. Diante das mais diversas e adversas situações, nos esforçamos para dar respostas que considerassem todos, sem exceção.

E esse não é justamente o princípio básico da inclusão sobre o qual falamos ao longo deste livro? Lidar com as diferenças humanas físicas, sensoriais, intelectuais e mentais como características e não como defeitos ou faltas, trabalhar a docência e a gestão a partir da noção de diferença e não de um estado imaginário de normalidade de corpos e relações. Mantendo nossa capacidade de ler o mundo e continuar nossa tarefa de apresentá-lo aos mais jovens, arregaçamos as mangas e nos dispusemos, mais uma vez, a cumprir nossa função social alicerçados na ética.

Nesse tempo de (re)pensar, de (re)aprender e, também, de objetivar a manutenção dos vínculos e das relações humanas, matéria principal da prática educativa, foi possível retomar contato com um aprendizado imaterial da perspectiva da Educação Inclusiva: por ser um Direito Humano universal, varia no tempo e no espaço, tem historicidade, e, é fruto das relações entre nós.

6   Conclusão

Quando nos propusemos a escrever este livro, abraçamos o desejo de organizá-lo da maneira mais dialógica possível. A ideia era simples: chamar a atenção para os dois pilares de uma educação que se pretende inclusiva por meio da própria escrita. Colocando a *informação* a serviço de cada leitora e leitor, procuramos chamar ao *diálogo* e mobilizar a reflexão sobre quão fundamentais são os aspectos relacionais quando o assunto envolve pessoas, com ou sem deficiência.

No meio da produção, a pandemia e o consequente chamamento a permanecermos em nossas casas reforçaram essa necessidade humana de conexão, apesar do distanciamento corporal. Para nós, educadores, estava posto um desafio a mais: dar continuidade aos processos de escolarização de estudantes em todo o mundo de forma remota. Neste momento em que um vírus põe em risco nossas vidas, são recolocados imediatamente na agenda social o conceito e o processo de inclusão escolar. Como fazer para não aprofundar as desigualdades, que se desnudaram a nossa frente, e não deixar ninguém para trás?

Ao encarar o fato de que nossas rotinas foram abruptamente alteradas, passamos a promover e a vivenciar novas experiências, testando ferramentas diferentes das habitualmente utilizadas. Mantendo o desejo de ensinar, organizamos ações focadas na ampliação das possibilidades de execução do direito à Educação. Rapidamente percebemos que e altas habilidades/superdotação, mas todo o ambiente escolar. E, como está disposto na Declaração de Incheon, nenhum objetivo educacional pode se considerar cumprido se algum estudante ficar de fora.

Investir na Educação Inclusiva significa, desta forma, apostar no aprimoramento do direito à Educação de todos, sem exceção, e na qualificação dos sistemas de ensino cuja unidade é a escola. As mudanças que essa perspectiva pode proporcionar à sala de aula, à escola e aos sistemas de ensino são benéficas para toda a comunidade escolar, um sucesso que extrapola o público a que se destinam. Posto que, ampliam repertório dos educadores e gestores, traduzem algo mais real e vivo dentro do Projeto Político-Pedagógico e, ao mesmo tempo, transformam nosso sistema educacional em inclusivo.

A | legislação

E | política pública

sistema educacional

E | escola

sala de aula

Uma sala de aula que não deixa ninguém de fora

Essas estratégias nos afastam da armadilha de mantermos a Educação Especial apartada da educação comum. Elas exigem o esforço da gestão para a participação de todos nos espaços coletivos, de formação e trabalho colaborativo, promovendo um ambiente favorável ao encontro e à troca. Esses momentos são uma possibilidade de estreitar laços, pois unem elementos para balanços e planejamentos conjuntos, promovem formação e auxílio para o uso de tecnologias assistivas e demais recursos, e corresponsabilizam a equipe pela inclusão de todos os alunos. Nunca é demais reafirmar que a colaboração entre o professor da classe comum e o do AEE tem objetivos de complementaridade, não de sobreposição ou de hierarquia de conhecimentos. Ambos trabalham, mesmo que na maior parte do tempo separados, tendo como objeto comum a aprendizagem na sala de aula. Assim, podem e devem integrar e compor saberes e experiências.

Seja por ter como objetivo reduzir ou eliminar barreiras na sala de aula comum, seja por caracterizar-se como um trabalho desenvolvido próximo às particularidades do estudante, seja por requerer escuta às experiências familiares, seja pela necessidade de planejamento combinado com o professor do ensino comum, o AEE tem, não só como um de seus pressupostos, mas como seu método e processo de trabalho, a colaboração. Assim, o professor do Atendimento Educacional Especializado se aproxima dos outros profissionais da escola a partir de seus conhecimentos específicos sobre o público-alvo da Educação Especial, promovendo o encontro de diferentes e importantes saberes e inteligências que favorecem não só os estudantes com deficiência, transtornos globais do desenvolvimento brasileira, assegura uma avaliação biopsicossocial da deficiência, aliando a Classificação Internacional de Doenças (CID) à Classificação Internacional de Funcionalidade (CIF), o que sustenta essa mudança de perspectiva.

Uma das formas de instituir formalmente o necessário espaço de diálogo e construção coletiva é mudar a maneira de organizar as formações em serviço. Não é incomum que pensemos que temas correlatos à alfabetização sejam apresentados apenas aos professores que estão desempenhando essa função; temas relacionados à Educação Especial, nessa mesma lógica, aos professores de AEE. Porém, as questões de alfabetização aparecem do primeiro ao nono ano e também na Sala de Recursos Multifuncionais . Da mesma forma, os conhecimentos sobre Educação Especial na perspectiva inclusiva também são importantes para os professores da sala de aula comum. As formações em serviço que envolvem todos os profissionais da escola, justamente por sua configuração heterogênea, são sempre mais ricas e podem gerar mudanças de atitude em prol de uma educação para todos.

Outro caminho é partir das demandas reais e do reconhecimento de habilidades e inteligências. Essa combinação é chave para a elaboração do plano de Atendimento Educacional Especializado, cuja função não é apenas beneficiar os encontros na Sala de Recursos Multifuncionais, mas fornecer elementos para a atuação autônoma do aluno na escola como um todo. Portanto, o planejamento do AEE e o planejamento da sala de aula comum têm que estar articulados .

A organização do tempo do professor do AEE pode então mesclar: atendimento direto ao estudante quando necessário, diálogo com o professor da turma e, por vezes, conversas com a própria turma. Essa organização tem que constar no Projeto Político-Pedagógico, dada sua intencionalidade e a corresponsabilidade de toda comunidade escolar. Estabelecer um fluxo e um conjunto de normas que consigam contemplar esses espaços de diálogo entre os profissionais é papel da gestão escolar, dado que o trabalho colaborativo não pode depender da boa vontade ou da casualidade de encontros fortuitos no corredor.

Como vimos, a chave de um sistema educacional inclusivo é substituir o "ou" pelo "e". E esse "e", quando significa diálogo, relação, troca de experiência entre todos, garante direitos. Se não houver essa interlocução entre os profissionais, há o risco de a organização do trabalho ser feita exclusiva ou prioritariamente com base no impedimento, negligenciando as singularidades e aprisionando o indivíduo a um conjunto de características que não o definem, tampouco determinam como será seu processo de escolarização. Inclusive, corremos o risco de se traçar uma profecia autorrealizável e produzir, por estímulos externos, uma série de atributos "esperados" para determinado impedimento.

Uma avaliação inicial cuidadosa, seguida de uma coleção de trocas com a rede de apoio e um conhecimento profundo sobre aquela criança ou adolescente, fazem o necessário trabalho de complementação dos laudos médicos, que são, dentre diversos, um dos aspectos que deve ser considerado. Vale lembrar que a mudança já estabelecida na legislação